Τα Κλειδιά της Συνεργασίας

Βλάσιος Νεκτάριος Μαντζιώκας

Published by Εκδόσεις Μαντζιώκας, 2024.

ΤΑ ΚΛΕΙΔΙΑ ΤΗΣ ΣΥΝΕΡΓΑΣΙΑΣ

First edition. June 18, 2024.

ISBN: 979-8227596550

Written by Βλάσιος Νεκτάριος Μαντζιώκας.

Πίνακας Περιεχομένων

Θα ήθελα να ευχαριστήσω θερμά τους επιβλέποντες καθηγητές μου, Δρ Μάρκο Τρούλη και Καθηγητή Κωνσταντίνο Γρίβα, για την πολύτιμη καθοδήγηση και υποστήριξη σε όλα τα στάδια της εργασίας αλλά και τις καίριες συμβουλές τους. Θερμές ευχαριστίες στον Καθηγητή Ιωάννη Μάζη, αλλά και σε όλους του καθηγητές του Μεταπτυχιακού Προγράμματος.

Επιθυμώ να ευχαριστήσω τους γονείς μου για την αμέριστη ηθική και υλική συμπαράσταση τους, αλλά και όλα τα αγαπημένα μου πρόσωπα, που με την αμέριστη στήριξή τους συνέβαλαν στην επιτυχή περάτωση των μεταπτυχιακών σπουδών μου.

Τέλος, επιθυμώ να ευχαριστήσω ξεχωριστά τον κ. Αστέριο Μαντζιώκα, Επιτελάρχη της ΕΛΑΣ, χάρη στην αρωγή του οποίου κατέστη δυνατή η ολοκλήρωση του παρόντος πονήματος.

«Η ουσιαστική αλήθεια της πολιτικής είναι ότι η εξουσία είναι πάντα σχετική· το όφελος ενός κράτους σε εξουσία συνεπάγεται αναγκαστικά την ζημία ενός άλλου»
- Robert Gilpin, πολιτικός επιστήμονας

Λίστα Ακρωνυμίων

ΣΓΑ	Συστημική Γεωπολιτική Ανάλυση
ΕΑ	Εφοδιαστική Αλυσίδα
ΕΔ	Ένοπλες Δυνάμεις
TWEA	Turkish Wind Energy Association
G.I.S.	Γεωγραφικά Συστήματα Πληροφοριών
ΟΗΕ	Οργανισμός Ηνωμένων Εθνών
Ε/Κ	Εμπορευματοκιβώτια
TEN-T	Trans-European Transport Network
ΔΕΔ-Μ	Διευρωπαϊκό δίκτυο μεταφορών
TCDD	Turkish State Railways (Τουρκική Εταιρία Σιδηροδρόμων)
ΥΦΑ	Υγροποιημένο Φυσικό Αέριο
SIPRI	Ινστιτούτο Ειρήνης της Στοκχόλμης (Stockholm International Peace Research Institute)

Περίληψη

Το παρόν πόνημα αποτελεί μεταπτυχιακή διπλωματική εργασία με τίτλο: «Η Εφοδιαστική Αλυσίδα ως γεωπολιτικός παράγοντας ανακατανομής της ισχύος στο γεωπολιτικό σύμπλοκο της Ανατολικής Μεσογείου, με εστίαση στούς Πυλώνες της Πολιτικής και της Άμυνας/Ασφάλειας».

Συνοπτικά, πρόκειται για την επιστημονική προσέγγιση των μορφών συνεργασίας στο τομέα της εφοδιαστικής αλυσίδας, στο γεωπολιτικό σύμπλοκο της Ανατολικής Μεσογείου.

Εφαρμόζοντας τη Συστημική Γεωπολιτική Ανάλυση, θα αναλυθεί πώς η λειτουργία της εφοδιαστικής αλυσίδας επηρεάζει την ανακατανομή ισχύος στους γεωπολιτικούς πυλώνες της Αμυνας/Ασφάλειας, της Πολιτικής και της Οικονομίας. Ακόμη, θα εξεταστούν περιπτώσεις εφαρμογής της εφοδιαστικής αλυσίδας, σε συνάρτηση με τις πολιτικές της Ευρωπαϊκής Ένωσης. Τέλος, στο πεδίο της Γεωστρατηγικής, θα γίνουν προτάσεις και θα επιχειρηθούν προβλέψεις σχετικά με τη κατεύθυνση της Ελλάδας.

Για να αξιολογήσουμε καλύτερα μια γεωπολιτική εξέλιξη ωφελεί να αναζητούμε ποιοι ζημιώνονται, και ποιοι βρίσκονται στη πλευρά των κερδισμένων. Στο ερώτημα, όμως, «ποιους ζημειώνει η Εφοδιαστική Αλυσίδα», είναι πολλοί αυτοί που σπεύδουν να μας διαφωτίσουν. Ένας από αυτούς, ο İbrahim Erden, Πρόεδρος του Τουρκικού Συνδέσμου Αιολικής Ενέργειας (TWEA), τονίζει πως «οι ταραχές στην Άπω Ανατολή» δημιουργούν ένα «παράθυρο ευκαιρίας» για τη Τουρκία να προβάλει την αιολική της ενέργεια ως μια ασφαλή, βιώσιμη εναλλακτική λύση για την Ευρώπη, απέναντι στη «διαλείπουσα λειτουργία των εφοδιαστικών αλυσίδων» (Erden, 2023).

Με δεδομένη την απομάκρυνση της Ρωσίας από τη θέση του βασικού ενεργειακού τροφοδοτή της Ευρώπης, ο Erden γνωρίζει πως οι δυνατότητες για συνεργασία στον τομέα της Ενέργειας αφορούν πλέον το Ισραήλ, που αναδεικνύεται σε μείζωνα πάροχο φυσικού αερίου σε περιφερειακό επίπεδο, και τους συμμάχους του στην Ανατολική Μεσόγειο (Aka, et al., 2022). Παρά τις διαβεβαιώσεις των *Aka et al*, πως «όταν έρθει η ώρα» κανείς ορθολογικός δρώντας δεν θα επιδιώξει να αποκλείσει τη συμμετοχή της Τουρκίας σε έργο ενεργειακής διασύνδεσης στην Ανατολική Μεσόγειο, η Τουρκο-ισραηλινή διπλωματική κρίση δεν αφήνει πολλά περιθώρια για το μέλλον (Tzogopoulos, 2023). Είναι ένα μέλλον στο οποίο η Τουρκία, που βλέπει τις σχέσεις της με το Ισραήλ να επιδεινώνονται συνεχώς, είναι ανήμπορη να παίξει ηγεμονικό ρόλο, και, πιθανότατα, οποιοδήποτε ρόλο. Συνεπώς, ο επιτυχημένος σχηματισμός εφοδιαστικής αλυσίδας στην Ανατολική Μεσόγειο έχει τη δύναμη να προσδιορίσει νέες συμμαχίες, να καθορίσει εκ νέου τη κατανομή ισχύος στη περιοχή, αλλά και να κρίνει ακόμα το αμφίβολο ενεργειακό μέλλον της Ευρώπης.

Όμως, η Ενέργεια δεν αποτελεί το μοναδικό κλάδο της Οικονομίας όπου ο ρόλος της εφοδιαστικής αλυσίδας κρίνεται τόσο αποφασιστικός. Η διεθνής Οικονομία εν συνόλω μετατοπίζεται ολοένα και περισσότερο προς αυτό το μοντέλο μεταφοράς προϊόντων σε μεγάλες ποσότητες (Harrison & van

Hoek, 2013). Η εξέλιξη της τεχνολογίας και των προσφερόμενων λιμενικών υπηρεσιών ευνοεί την ανάδειξη νέων αγορών, εμπορικών-μεταφορικών διαδρόμων, και εν συνόλω την επέκταση του διεθνούς εμπορίου (Atacan, et al., 2022). Ωστόσο, η διεθνής οικονομική δραστηριότητα δεν μετατοπίζεται μόνο προς το μοντέλο των πολυεθνικών και πολυτροπικών (γνωστός και ως «συνδυασμένων» ή «διατροπικές») μεταφορών προϊόντων. Μετακινείται ακόμα, ολοένα και περισσότερο προς τον γεωγραφικό χώρο της Μεσογείου. Δεν είναι μόνο που οι κόμβοι της Μεσογείου φιλοξενούν τη πλειοψηφία του εμπορευόμενου φορτίου, ανάμεσα στην Βόρεια Ευρώπη και στην Άπω Ανατολή, που περνάει από το Σουέζ, αλλά, μέχρι το τέλος της δεκαετίας, αναμένεται να εξυπηρετήσει και ένα – διαρκώς αυξανόμενο - ποσοστό του φορτίου που τώρα διέρχεται τον θαλάσσιο εμπορικό διάδρομο Άπω Ανατολής και Βόρειας Αμερικής (Τσέκερης, 2016). Συμπερασματικά, η Μεσόγειος, και ιδιαιτέρως το ανατολικό της τμήμα, βρίσκεται στο επίκεντρο των διεθνών οικονομικών και γεωπολιτικών εξελίξεων.

Λαμβάνοντας υπόψη τα παραπάνω, είναι προφανές ότι η Οικονομία, και δη ο ενεργειακός τομέας, θα μας απασχολήσει σημαντικά στη πορεία αυτού του πονήματος, όπου θα επιχειρήσουμε μια «χαρτογράφηση» του ρόλου της εφοδιαστικής αλυσίδας ως παράγοντα ισχύος στο γεωγραφικό χώρο της Ανατολικής Μεσογείου. Φυσικά, όπως η εφαρμογή της εφοδιαστικής αλυσίδας δεν εξαντλείται στη μεταφορά Ενέργειας, έτσι και αυτή δεν είναι μια ακόμη εργασία για τη Γεωπολιτική της Ενέργειας στην Ανατολική Μεσόγειο. Στη πορεία του κειμένου, θα αναλύσουμε και τη σημασία της ΕΑ στο ετοιμοπόλεμο των Ενόπλων Δυνάμων (ΕΔ), στη Διπλωματία και εν γένει στη Στρατηγική ενός σύγχρονου κράτους, με αναφορά στην Ελλάδα. Προκειμένου να ληφθούν υπόψη νέες μελλοντικές προοπτικές, θα διερευνηθούν διαφορετικά σενάρια και περιπετώσεις εφαρμογής της ΕΑ, όπως οι «πράσινες εφοδιαστικές αλυσίδες» που συνδέονται με την αειφόρο ανάπτυξη και τις νέες τεχνολογίες των μεταφορών και το νέο σιδηροδρομικό εμπορευματιό διάδρομο «Βαλτικής Θάλασσας – Ευξείνου Πόντου – Αιγαίου Πελάγους», παλαιότερα γνωστό ως πρόγραμμα *Sea2Sea*. Ακολούθως, θα επιχειρήσουμε συστάσεις για την καθιέρωση νέων στρατηγικών, με το βλέμμα στην θωράκιση της Ελλάδας και στη προώθηση της σταθερότητας και της ασφάλειας στην ευρύτερη περιοχή της Ανατολικής Μεσογείου.

Επισκόπηση Βιβλιογραφίας/ State of the Art

Η βιβλιογραφία βρίθει από έρευνες, μελέτες και εισηγήσεις σχετικά με τις δυνατότητες της αποτελεσματικής εφοδιαστικής αλυσίδας, με τη πλειονότητα αυτών να προσεγγίζει το αντικείμενο αποκλειστικά από οικονομικής σκοπιάς. Ωστόσο, παρατηρούμε ότι, ενώ το επιστημονικό ενδιαφέρον για τις χρήσεις της αλυσίδας διευρύνεται ολοένα και περισσότερο, μια ολοκληρωμένη μελέτη για τις στρατηγικές και υβριδικές της λειτουργίες απουσιάζει από τη βιβλιογραφία. Αυτό το κενό επιχειρούμε να καλύψουμε με την έρευνά μας.

Κατ'αρχάς, μας παραχωρήθηκε πρόσβαση στα Πρακτικά του 2ου Συνεδρίου Οικονομικού Σώματος Στρατού Ξηράς με τίτλο «Η σύγχρονη οικονομική και διοικητική σκέψη ως επιταχυντής της λειτουργίας του οικονομικού ελιγμού στις Ένοπλες Δυνάμεις,», και συγκεκριμένα στο κεφάλαιο «Προσέγγιση εφοδιαστικής αλυσίδας και οικονομίας στο πλαίσιο επαύξησης ισχύος και μετεξέλιξης των ΕΔ». Θεωρούμε ότι η εν λόγω έκδοση είναι αξιέπαινη για τη πολύπλευρη και εις βάθος προσέγγισή της στην εφοδιαστική αλυσίδα, τόσο από οικονομικής όσο και στρατιωτικής (διοικητικής και επιχειρησιακής) πλευράς της. Το εν λόγω πόνημα μας κατατόπισε καλύτερα σχετικά με τη κομβική σημασία των Logistics στη λειτουργία των Ενόπλων Δυνάμεων αλλά και ευρύτερα. Δεν συναντήσαμε κάτι ανάλογα στην υφιστάμενη διεθνή και εγχώρια βιβλιογραφία.

Κύριο βάρος στην υπάρχουσα διεθνή βιβλιογραφία δίδεται στην αποτελεσματική διοίκηση των Logistics, και στο πως θα γίνει εφικτή η επίτευξη ανταγωνιστικού πλεονεκτήματος μέσω της επιτυχημένης διαχείρισης των εφοδιαστικών αλυσίδων. Ένα τέτοιο πόνημα είναι το βιβλίο των Harrison και Van Hoek με τίτλο «Logistics. Μάνατζμεντ & Στρατηγική», όπως και το «Εισαγωγή στην Οικονομική των Μεταφορών» του καθηγητή Ευάγγελου Σαμπράκου. Επιπροσθέτα, πολλοί αξιόλογοι συγγραφείς προσέγγισαν το θέμα των Logistics σε συνδυασμό με τις θαλάσσιες μεταφορές και τη διοίκηση των λιμένων. Τέτοιο παραδείγμα αποτελεί το σύγγραμμα «Port Economics, Management and Policy» των

Notteboom, Πάλλη και Rodrigue. Βρήκαμε, ακόμη, και πληθώρα άρθρων και μελετών σχετικά με την αξιοποίηση των αλυσίδων στην ελληνική οικονομία, με πιο αξιόλογη αυτών την έκθεση του Δρ.Θεόδωρου Τσέκερη με τίτλο «Εμπορευματικές μεταφορές και ανάπτυξη διεθνών εφοδιαστικών κόμβων στην Ελλάδα».

Συναντήσαμε και πλούσια επιστημονική και δημοσιογραφική αρθογραφία γύρω από την επίδραση των Logistics στις διεθνείς σχέσεις και στις γεωπολιτικές επιδιώξεις των κρατών. Παρά ταύτα, τα περισσότερα τέτοια άρθρα επικεντρώνονταν είτε σε έναν και μόνο τομέα (της Οικονομίας, κατά προτίμηση) είτε σε ζητήματα της επικαιρότητας, λόγω του δημοσιογραφικού τους χαρακτήρα, δίχως να προχωρούν σε εις βάθος ανάλυση. Ένα τέτοιο παράδειγμα αποτελεί το επιστημονικό άρθρο «The 'new great game' in the Eastern Mediterranean» των Aka, Bozoglu, Hashimov (κ.α.). Στο εν λόγω άρθρο υπάρχουν αρκετές χρήσιμες πληροφορίες όσον αφορά τον ρόλο των εφοδιαστικών αλυσίδων στους ενεργειακούς ανταγωνισμούς στην Ανατολική Μεσόγειο, αν και οι συγγραφείς καταπιάνονται μόνο με τον τομέα της Ενέργειας.

Συμπερασματικά, η επί του θέματος βιβλιογραφία, αν και προσέφερε αρκετά χρήσιμα στοιχεία για την εργασία μας, δεν περιλαμβάνει την ύπαρξη μιας ολοκληρωμένης ανάλυσης των δυνατοτήτων της εφοδιαστικής αλυσίδας για τη προβολή γεωπολιτικής ισχύος.

Περιγραφή της εφαρμοσθείσας μεθοδολογίας

Στα πλαίσια του ανά χείρας πονήματος προσεγγίζουμε το θέμα της εφοδιαστικής αλυσίδας σύμφωνα με την ερευνητική μέθοδο της Συστημικής Γεωπολιτικής Ανάλυσης (ΣΓΑ). Επομένως, προτού προχωρήσουμε με την ανάλυση του θέματός μας, είναι απαραίτητο να παρουσιάσουμε τις αρχές και τη μεθοδολογία του εν λόγω ερευνητικού προγράμματος, εισηγητής του οποίου είναι ο Καθηγητής Ιωάννης Θ. Μάζης.

Με εφαλτήριο τη διαπίστωση της απουσίας μιας κραταιάς Θεωρίας Διεθνών Σχέσεων, και την αποτυχία επικράτησης ενός Παραδείγματος[1] που να απολαμβάνει ευρεία αποδοχή από την επιστημονική κοινότητα, ο Μάζης συστήνει μια μεθοδολογία που αναλύει την κατανομή ισχύος μεταξύ των γεωπολιτικών συμπλόκων στο χάρτη (Μάζης, 2012). Αποσκοπώντας να παράξει «έγκυρη γνώση», δηλαδή «συστηματικοποιημένη και επαληθευμένη γνώση» (Κουσκουβέλης, 2004), το εν λόγω ερευνητικό πρόγραμμα αξιοποιεί εργαλεία των θετικών επιστημών, όπως η χρήση γεωπολιτικών δεικτών, εργαλείων ποσοτικοποίησης, και Γεωγραφικών Συστημάτων Πληροφοριών (G.I.S.). Με αυτό τον τρόπο, τα αποτελέσματα της Συστημικής Γεωπολιτικής Ανάλυσης είναι μετρήσιμα και σαφή. Πρόκειται για γνώση που δεν είναι αυτόχρημα ορθή, αλλά χάρις στην επιστράτευση ενός θετικο-επιστημονικού μεθοδολογικού *apparatus*, καθίσταται «*διαψεύσιμη*». Επιστημολογικά, εντάσεται στην Επιστήμη της οικονομικής γεωγραφίας, της οποίας αποτελεί αναλυτική μέθοδο, καθώς «η σύγχρονη Συστημική Γεωπολιτική Ανάλυση ασχολείται με τη μελέτη, καταγραφή και πρόβλεψη των ανακατανομών της ισχύος και καταλήγει πάντοτε στην δημιουργία αντιστοίχουν υποδείγματος τάσεων. Διαγιγνώσκει, λοιπόν, τις αναπτυσόμενες τάσεις και προβλέπει την δυναμική τους στον χώρο και στον -ιστορικώς- ομοιογενή χρόνο. Δηλαδή, τον χρόνο τομ εγγραφόμενο στο πλαίσιο μίας και μόνης, ομοιογενούς ποιοτικώς, ιστορικής περιόδου» (Μάζης, 2012).

Το ερευνητικό πρόγραμμα της ΣΓΑ είναι επηρεασμένο από τη νέο-θετικιστική σκέψη των Καρλ Πόπερ και Ίμρε Λάκατος πάνω στα κριτήρια επιστημονικότητας των «Θεωριών». Κατά την λακατιανή μεταθεωρητική προσέγγιση, κάθε ερευνητικό πρόγραμμα βασίζεται σε έναν «*σκληρό πυρήνα*» θεμελιωδών υποθέσεων. Ο τελευταίος προστατεύεται από την «αρνητική ερευτική» του προγράμματος[2], αλλά και έναν «*προστατευτικό κλοιό*» επικουρικών υποθέσεων (auxiliary hypotheses). Οι τελευταίες ρυθμίζονται εκ νέου και αντικαθίστανται, μέσω μιας διαλεκτικής σχέσης με τα δεδομένα της εμπειρικής πραγματικότητας, σε αντίθεση με τις αξιωματικές παραδοχές του «σκληρού πυρήνα» που παραμένουν αμετάβλητες. Αν αυτές μεταβληθούν, τότε, μεταλλάσσεται το ίδιο το επιστημονικό ερευνητικό πρόγραμμα. Τέλος, για να πληρεί τις προδιαγραφές του Λάκατος, ώστε να χαρακτηριστεί «προοδευτικό», ένα ερευνητικό πρόγραμμα πρέπει «η θεωρητική [του] πρόοδος να προηγείται της εμπειρικής», δηλαδή να προβλέπει «νέα-καινοφανή γεγονότα».

Ακολούθως, ο Μάζης διευκρινίζει τις δυο θεμελιώδεις αξιωματικές παραδοχές του ερευνητικού του προγράμματος. Η πρώτη, που «*αποτελεί και το κέντρο του κοινού σκληρού πυρήνους του γεωπολιτικού ερευνητικού προγράμματος*», είναι η παραδοχή πως «είναι ότι όλα τα χαρακτηριστικά των [...] υπόχώρων του γεωγραφικού συμπλόκου είναι μετρήσιμα ή είναι δυνατόν να καταστούν μετρήσιμα, ακριβώς εκ των μετρήσιμων αποτελεσμάτων που παράγουν» (Μάζης, 2012). Το τελευταίο θα γίνει με τη δημιουργία (απλών και σύνθετων) γεωπολιτικών δεικτών, με τρόπο που θα μας απασχολήσει στη συνέχεια. Στόχος είναι να καταστήσουμε εφικτή τη ποσοτικοποίηση, ταξινόμηση και αξιολόγηση περίπλοκων συχνά και αφηρημένων εννοιών (π.χ. «δημοκρατικότητα», «τρωτότητα»). Η δεύτερη παραδοχή είναι η ύπαρξη, στα όρια του εκάστοτε γεωγραφικού χώρου Πόλων συγκροτημέων και ομοιογενών με διαλεκτική σχέση αυτοπροσδιορισμού και ετεροπροσδιορισμού με το διεθνές περιβάλλον τους και τους εντός αυτού διεθνείς δρώντες που χαρακτηρίζονται από μια κοινή συστηματική σχέση μεταξύ τους.

Προχωράμε τώρα, στις επικουρικές υποθέσεις που αποτελούν τον «προστατευτικό κλοιό» του ερευνητικού προγράμματος. Πρώτη επικουρική υπόθεση είναι ότι το μεγέθος της ισχύος δύναται να αναλυθεί σε τέσσερεις πυλώνες ισχύος. Πρόκειται για τους πυλώντες της Άμυνας και Ασφάλειας, Οικονομίας, Πολιτικής και Πολιτισμού/Πληροφορίας, οι οποίοι με τη σειρά τους αποτελούνται από γεωπολιτικούς δείκτες που είναι - ή δύνανται να καταστούν - μετρήσιμοι. Το δεύτερο επικουρικό στοιχείο είναι ότι οι πόλοι οι οποίοι αποτελούν τα θεμελιώδη δομικά συστατικά του – ευμετάβλητου και απαγίωτου - διεθνούς συστήματος (Μάζης, 2017). Η τρίτη επικουρική υπόθεση εδράζεται στην άποψη ότι οι Πόλοι «εκφράζουν κοινωνικές βουλήσεις ή βουλήσεις των αποφασιζόντων παραγόντων», είτε πρόκειται για εθνικά κράτη ή μη κρατικούς διεθνείς δρώντες. Τέταρτη επικουρική υπόθεση είναι οι αναπτυχθείσες «αιτιακές και αιτιατικές» έννοιες του πρωτογενούς, δευτερογενούς και τριτογενούς χώρου, καθώς και οι συνδυασμοί αυτών στους «πλήρεις» και «ειδικούς συνθετικούς χώρους». Η τελευταία επικουρική υπόθεση ορίζει ότι η ΣΓΑ δεν επιδιώκει να παράξει μια «στρατευμένη» ανάλυση[3], που αφορά τη Γεωστρατηγική μάλλον παρά τη Γεωπολιτική, αλλά επιδιώκει την κατασκευή ενός προβλεπτικού υποδείγματος τάσεων ανακατανομής ισχύος. Το τελευταίο θα συντελέσει στην αξιολόγηση της επιτυχίας του προγράμματος, καθώς η «προβλεπτική ικανότητα» (predictability), ως τεκμήριο επιστημονικότητας, βρίσκεται σε δεσπόζουσα θέση στη λακατιανή σκέψη. Είναι το στοιχείο που διαχωρίζει την εκάστοτε θεωρητική προσπάθεια, από μια «*ψευδο-θεωρία*» (Aron, 1967).

Ανάλυση του θέματος με βάση την ορολογία της ΣΓΑ

Ως γεωπολιτικός παράγοντας για την παρούσα μελέτη ορίζεται η εφοδιαστική αλυσίδα στο υπό εξέταση γεωπολιτικό σύμπλοκο. Το γεωπολιτικό σύμπλοκο πάνω στο οποίο θα γίνει η ανάλυση ορίζεται η Ανατολική Μεσόγειος (βλ. Χάρτης 1 στο παράρτημα χαρτών), δηλαδή η Ελλάδα, η Τουρκία, η Κυπριακή Δημοκρατία, η Λιβύη, η Αίγυπτος, η Συρία και το Ισραήλ. Ακολούθως, προκύπτουν τα δύο (2) υποσυστήματα του συμπλόκου της Ανατολικής Μεσογείου. Επομένως, σκοπός της παρούσας μελέτης είναι η ανάδειξη της ανακατανομής ισχύος δύναται να επέλθει από την αποτελεσματική - ή μη αποτελεσματική - εφαρμογή της εφοδιαστικής αλυσίδας. Το σύστημα της γεωπολιτικής ανάλυσης, στην συγκεκριμένη έρευνα, ταυτίζεται με το προς μελέτη γεωγραφικό σύμπλοκο, το οποίο και διαιρείται σε δύο υποσυστήματα.

Στο **Α' γεωπολιτικό υποσύστημα** συμπεριλαμβάνονται η Ελλάδα, η Κύπρος, η Αίγυπτος, και το Ισραήλ, ως στρατηγικοί εταίροι στο τομέα της μεταφοράς ενέργειας. Ως **Β' γεωπολιτικό υποσύστημα** θα ορίσουμε αυτό μεταξύ της Τουρκίας και της Λιβύης, με βάση τη συνεργασία τους στον ενεργειακό τομέα.

Ως υπερσυστημικοί δρώντες ορίζονται οι ΗΠΑ, η Ιταλία και η Ρωσική Ομοσπονδία, λόγω της αυξημένης τους ανάμειξης στη περιοχή του ενδιαφέροντό μας, κυρίως όσον αφορά τη παραγωγή/εξόρυξη και μεταφορά ενέργειας. Αξίζει να σημειωθεί πως η τελευταία διαθέτει και ένα σημείο επισκευής και αναπλήρωσης του πολεμικού της ναυτικού στη Ταρτούς της Συρίας. Η Ευρωπαϊκή Ένωση δεν ορίζεται ως υπερσυστημικός δρων αλλά ως πόλος διεθνούς ισχύος.

Η ανάλυσή μας θα επικεντρωθεί σε επιλογή δεικτών από τους γεωπολιτικούς πυλώνες της Άμυνας-Ασφάλειας και της Οικονομίας, για να υπάρχει μια σφαιρική και ολοκληρωμένη ανάλυση. Οι δείκτες που επιλέχθηκαν προς ανάλυση είναι οι εξής: WB/674, WB/675, WB/676, WB/385, WB/386, WB/648, WB/644, WB/ Control of Corruption: Number of Sources, WB/ Government Effectiveness: Percentile Rank και θα αναλυθούν στην επόμενη ενότητα.

Περιγραφή της Έρευνας

Κατ' αρχάς, οι δείκτες των πυλώνων Άμυνας/Ασφάλειας και της Οικονομίας επιλέχθηκαν για να μελετηθεί πολυπλεύρως και εις βάθος η επιρροή του γεωπολιτικού παράγοντα της εφοδιαστικής αλυσίδας στο γεωγραφικό σύστημα. Έτσι, η επιλογή των συγκεκριμένων πυλώνων έγινε προς διευκόλυνση της εξαγωγής όσο το δυνατόν πιο τεκμηριωμένων και ολοκληρωμένων συμπερασμάτων. Ένας ακόμη λόγος έχει να κάνει με την αναγνώριση του αμυντικού και οικονομικού πυλώνα ως τα βασικότερα στηρίγματα της εθνικής ισχύος ενός κράτους (2ο Συνέδριο Οικονομικού Σώματος Στρατού Ξηράς, 2019). Η επιλογή των δεικτών για ένα θέμα με το εύρος της ΕΑ, μπορεί να οδηγήσει σε μια ατελείωτη σειρά απλών και σύνθετων δεικτών, υπερβαίνοντας τις δυνατότητες αλλά κυρίως τους στόχους του παρόντος πονήματος. Γι'αυτό το λόγό η δική μας εκλογή είναι πιο εστιασμένη, σε συνάρτηση πάντα και με την θέση του Ιωάννη Μάζη ότι «η χρήση 3 έως 5 Γεωπολιτικών Δεικτών κρίνεται επαρκής στο πλαίσιο του επιθυμητού χρονοδιαγράμματος για την εξαγωγή πληροφοριών και τη διατήρηση της ποιότητας της ανάλυσης» (Μάζης, 2017). Ακολούθως, οι δείκτες που επιλέχθηκαν όπως προαναφέραμε είναι οι εξής: WB/674, WB/675, WB/676, WB/385, WB/386, WB/648, WB/644, WB/647, και προέρχονται από τη βάση δεδομένων της παγκόσμιας τράπεζας.

Από την εκλογή των ανωτέρων δεικτών, είναι προφανές ότι, όσον αφορά τον οικονομικό πυλώνα, η εργασία μας θα δώσει έμφαση στις θαλάσσιες μεταφορές. Η εξήγηση αυτής της επιλογής είναι, κατ' αρχάς, η προφανής, αλλά δεν είναι η μόνη. Φυσικά, το υπό μελέτη γεωγραφικό σύμπλοκο, ήτοι η ανατολική Μεσόγειος, καλύπτεται ως επί το πλείστον από θαλάσσια ύδατα και περιλαμβάνει πολυάριθμους λιμένες, εμπορικούς κόμβους και ναυτικές βάσεις. Ένας ακόμη λόγος, είναι ότι οι διεθνείς μεταφορές εμπορευμάτων, στη συντριπτική τους πλειοψηφία (άνω του 80%), πραγματοποιούνται σε θαλάσσιους εμπορικούς δρόμους, και αναπτύσσονται ραγδαία (Τσέκερης, 2016). Ο πιο δυναμικός κλάδος του δια θαλάσσης εμπορίου αφορά τα χύδην ξηρά φορτία, και κυρίως τη διακίνηση Εμπορευματοκιβωτίων (κοντέινερ), γεγονός που αιτιολογεί την σημασία επιλογής του δείκτη WB/649. Στη συνέχεια, περνάμε στις χερσαίες μεταφορές, αποσκοπώντας να εντάξουμε στην ανάλυσή μας τον τομέα των διατροπικών (ή «συνδυασμένων») μεταφορών, οι οποίες καλύπτουν αξιοσημείωτο ποσοστό της διεθνούς διακίνησης εμπορευμάτων (Τσέκερης, 2016).

Πιο αναλυτικά, επιλέξαμε τους εξής δείκτες: **Εισαγωγές Οπλικών Συστημάτων** (WB/674 – Arms imports, SIPRI trend indicator values), **Συνολικό Προσωπικό Ενόπλων Δυνάμεων** (WB/675 – Armed forces personnel), **Προσωπικό Ε.Δ. % του συνόλου του εργατικού Δυναμικού** (WB/676 – Armed forces personnel % of total labor force). Όσο μεγαλύτερες είναι οι τιμές των εν λόγω δεικτών, τόσο μεγαλύτερη είναι και η εξάρτηση των υπό μελέτη δρώντων από τον πυλώνα της Άμυνας και Ασφάλειας. Η επιλογή των δεικτών έγινε διότι φανερώνουν αφενώς τις αμυντικές δυνατότητες των υπό μελέτη δρώντων, και αφετέρου το κατά πόσο οι ίδιοι εκτιμούν πως απειλούνται ή το κατά πόσο προτιμούν να καταφεύγουν σε μέσα σκληρής ισχύος προκειμένου να ανακατανείμουν ισχύ. Την ίδια στιγμή, είμαστε σε θέση να τεκμαίρουμε και το μέγεθος των αναγκών που θα χρειαστεί να καλυφθούν από την εφοδιαστική αλυσίδα.

Περνώντας στον πυλώνα της Οικονομίας, οι δείκτες **Εισαγωγές Ενέργειας % της συνολικής κατανάλωσης** (WB/385 – Energy imports % of energy use) και **Εναλλακτικές Πηγές Ενέργειας % της συνολικής κατανάλωσης** (WB/386 – Alternative and nuclear energy % of total energy use) επιλέχθηκαν για το λόγο ότι μας προσφέρουν μια σαφή εικόνα του ενεργειακού προφίλ των δρώντων, επιτρέποντάς μας να κάνουμε συγκρίσεις ανάμεσα στις οικονομίες, καθώς και τη θέση τους στη διεθνή αγορά ενέργειας. Συνεχίζοντας, αξιοποιούμε τους δείκτες **Συνδεσιμότητα Ναυτιλιακών Γραμμών** (WB/648 – Liner shipping connectivity index), **Κίνηση Κοντέινερ στους Λιμένες** (WB/649 – Container port traffic) και **Συνολικό μήκος σιδηροδρομικού δικτύου** σε χιλιόμετρα (WB/647 – Rail lines, total route-km) για να αξιολογήσουμε τις δυνατότητες των εξεταζόμενων δρώντων στο τομέα των μεταφορών ενέργειας και λοιπών αγαθών. Όσο μεγαλύτερο είναι το ποσοστό τόσο μεγαλύτερη είναι η ισχύς του δρώντα στο πλαίσιο κάθε εφοδιαστικής αλυσίδας αλλά και εντός του γεωπολιτικού συμπλόκου, καθώς πολύ συχνά η οικονομική ισχύς νοείται ως επέκταση της στρατιωτικής. Ακόμη, αποτυπώνουν τη κατάσταση των εμπορικών λιμένων και των σιδηροδρόμων του κάθε κράτους – υποδομών κρίσιμων για την αποτελεσματική και έγκαιρη μεταφορά των προϊόντων.

Ο Δείκτης Συνδεσιμότητας Ναυτιλιακών Γραμμών (WB/648 – Liner shipping connectivity index) αποτυπώνει το επίπεδο σύνδεσης των χωρών με τα παγκόσμια ναυτιλιακά δίκτυα. Η Συνδεσιμότητα αναδεικνύεται σε παράγοντα-κλειδί για την ισχυροποίηση μιας χώρας μέσα και διαμέσου των θαλάσσιων αλυσίδων εφοδιασμού, καθώς είναι ένας από τους βασικότερους συντελεστές που τη καθιστούν αποδοτική και ανταγωνιστική. Για παράδειγμα, η αυξημένη δικτύωση ενός δρώντα συνεπάγεται ότι τα προϊόντα θα γίνονται διαθέσιμα στον πελάτη πιο γρήγορα, ώστε να προλαμβάνεται η απαρχαίωσή τους, πιο φθηνά και χωρίς πολλά λάθη στη διανομή και διαχείριση (Harrison & van Hoek, 2013). Ακόμη, μας επιτρέπει να εξάγουμε και ένα σωρό έμμεσα συμπεράσματα για τη κατάσταση των λιμένων ενός δρώντα, όπως την οικονομική ανάπτυξή του κράτους (Zaucha & Matczak, 2018), τη ποιότητα των προσφερόμενων υπηρεσιών, και τέλος τη δυνατότητα των λιμένων να ενσωματωθούν στις θαλάσσιες ε.α. (Notteboom, et al., 2022). Για όλους τους ανωτέρω λόγους ο δείκτης κρίνεται εξόχως σημαντικός για τους σκοπούς της εργασίας μας.

Επιπροσθέτως, ο συνδυασμός δεικτών των θαλάσσιων και των σιδηροδρομικών μεταφορών έγινε με το βλέμμα στη τάση της - παγκόσμιας αλλά και περιφερειακής - μεταφοράς εμπορευμάτων προς τις συνδυασμένες μεταφορές. Για να αντιμετωπισθούν οι νέες προκλήσεις στη διακίνηση εμπορευμάτων, με κύρια τη συμφόρηση των λιμένων, η διεθνής αγορά ευνοεί τη **δημιουργία χερσαίων παραλιμένιων σταθμών (dry ports)** στην ενδοχώρα που προσφέρουν εξειδικευμένες υπηρεσίες στους πελάτες των λιμανιών (Notteboom, et al., 2022). Εν συντομία, θα περιγράφαμε τα *dry ports* ως τερματικούς σταθμούς που βρίσκονται στην ενδοχώρα, και συνδέονται άμεσα με τους θαλάσσιους λιμένες, συνήθως μέσω σιδηροδρόμου, λειτουργώντας ως εξωτερικά κέντρα αποθήκευσης. Όμως γιατί να συμπεριλάβουμε έναν δείκτη που αναφέρεται στο σιδηροδρομικό δίκτυο και όχι στο οδικό, τη στιγμή που η μεταφορά προϊόντων με φορτηγά παραμένει πολύ διαδεδομένη και αποτελεσματική;

Η εξήγηση βρίσκεται στην μεγαλύτερη εύνοια των εταιρειών προς τον σιδηρόδρομο έναντι των φορτηγών, που κρίνονται ως λιγότερο αποδοτικά, ειδικά για μεσαίες και μεγαλύτερες αποστάσεις (Τσέκερης, 2016). Τα φορτηγά οχήματα καθίστανται λιγότερο προτιμητέα λόγω της υψηλής κατανάλωσης ενέργειας, της περιορισμένης χωρητικότητας, και του αυξημένου κόστους κίνησης που τα χαρακτηρίζει. Αυτό μας οδηγεί στο συμπέρασμα, ότι η ύπαρξη ενός αξιόπιστου και εκτεταμένου σιδηροδρομικού δικτύου (καθώς και η απουσία ενός τέτοιου) είναι μεγαλύτερης σημασίας από το αντίστοιχο οδικό, πάντα εντός του πλαισίου των συνδυασμένων χερσαίων-θαλάσσιων μεταφορών, και της ΕΑ.

Καταλήγουμε, λοιπόν, ότι υψηλότερες τιμές στους δείκτες που προαναφέρθηκαν προσδίδουν στο ρόλο των κρατών ένα αξιοσημείωτο «ειδικό βάρος», και τα καθιστούν αναπόσπαστους κρίκους στη λειτουργία της εφοδιαστικής αλυσίδας.

Ερευνητικοί Περιορισμοί

Προτού προχωρήσουμε στην ανάλυση του θέματος, οφείλουμε να αναφέρουμε τους περιορισμούς με τους οποίους θα εργαστούμε στη παρούσα μελέτη. Ως ο κύριος ερευνητικός περιορισμός λήφθηκε υπόψη ο ευμετάβλητος χαρακτήρας των υπό μελέτη μεγεθών. Στη πορεία της εργασίας καταβάλαμε προσπάθεια για να συμπεριληφθούν και οι τελευταίες εξελίξεις, ώστε να σχηματίσουμε μια εικόνα που να ανταποκρίνεται όσο περισσότερο γίνεται στη διεθνή πραγματικότητα. Στο απρόβλεπτο διεθνές περιβάλλον, κομβικές εξελίξεις πραγματοποιούνται σε καθημερινή βάση, επιφέροντας παράπλευρες επιπτώσεις σε διάφορα σημεία της υδρογείου. Με αυτό ως δεδομένο, έπρεπε να επιστρατεύσουμε εκτιμήσεις και πρόσκαιρους υπολογισμούς για να συμπληρώσουμε τα στοιχεία μας, διότι τα πραγματικά δεδομένα δεν είναι ακόμα διαθέσιμα (π.χ. στη περίπτωση της Διώρυγας του Σουέζ).

Επιπλέον, για τη πλειοψηφία των δεικτών που επιλέξαμε η ανάλυση έχει πραγματοποιηθεί για την περίοδο από το 1990 έως και τα τελευταία διαθέσιμα στοιχεία της World Data Bank το 2022. Το ξεκίνημα της δεκαετίας του 1990 επιλέχθηκε ως ορόσημο της ανάδυσης του νέου πολυπολικού διεθνούς συστήματος, μετά τις ανακατατάξεις που προκάλεσε η διάλυση της ΕΣΣΔ, και τους καινούργιους παίκτες και τις νέες ισοροπίες ισχύος που προέκυψαν. Την ίδια στιγμή, το χρονικό βάθος περίπου 30 ετών μας επιτρέπει να διακρίνουμε τη διαμόρφωση τάσεων, και αποδίδει όσο το δυνατόν πιο αξιόπιστα την εξέλιξη των επιδόσεων στους δείκτες που μας αφορούν. Εν τούτοις, σε ορισμένες των περιπτώσεων, δεν είναι διαθέσιμα όλα τα στοιχεία στο χρονικό διάστημα 1990-2022, που έχουμε επιλέξει. Σε αυτές τις περιπτώσεις έχουν αναλυθεί τα δεδομένα από το 1996 έως τα τελευταία διαθέσιμα στοιχεία (συνήθως 2015 ή 2020). Αυτό το φαινόμενο είναι εμφανές ιδιαιτέρως στη περίπτωση της Λιβύης, όπου λόγω της εμφύλιας διαμάχης που ταλανίζει τη χώρα, τα στοιχεία της World Data Bank είναι εν πολλοίς λειψά.

Ένας ακόμη ερευνητικός περιορισμός που δεν πρέπει να παραλείψουμε έχει να κάνει με το γεγονός ότι τα στοιχεία των δεικτών αφορούν τη κάθε χώρα εν συνόλω, χωρίς να εξειδικεύονται στο γεωγραφικό σύμπλοκο της Ανατολικής Μεσογείου. Και αν αυτό δεν αποτελεί πρόβλημα για χώρες όπως η Κύπρος, η Ελλάδα και το Ισραήλ, των οποίων η συμμετοχή σε εφοδιαστικές αλυσίδες περιορίζεται κατά βάση εντός των ορίων της Μεσογείου, δεν μπορεί να ειπωθεί το ίδιο για χώρες όπως η Τουρκία και η Αίγυπτος, με σημαντική δραστηριότητα στον Εύξεινο Πόντο και την Ερυθρά Θάλασσα. Επομένως, η ερευνά μας θα λάβει μεν υπόψιν τα ανωτέρω στοιχεία, αλλά θα επιχειρήσει να τα θέσει στο πραγματικό πλαίσιο στο οποίο ανήκουν.

Ως τελευταίο πρόσκομμα θα αναφέρουμε αυτό του γράφοντος να προσεγγίσει πλήρως το πολυγλωσσικό χαρακτήρα του επιλεχθέντος συμπλόκου. Δεδομένου ότι οι γνώσεις μας μάς επιτρέπουν να αξιοποιήσουμε μόνο κείμενα γραμμένα στα Ελληνικά, Αγγλικά και Γαλλικά, είναι επόμενο ότι στοιχεία για τα κράτη της Τουρκίας, Αιγύπτου και Λιβύης έγινε ως επί το πλείστον από δευτερογενείς πηγές.

Συστημική Γεωπολιτική Ανάλυση

Ανάλυση του Πυλώνα Άμυνας/Ασφάλειας

Κάτι που γίνεται άμεσα αντιληπτό κοιτώντας το Γράφημα 1, όπου αναλύεται ο δείκτης WB/674 - Εισαγωγές Οπλικών Συστημάτων, είναι ότι οι περισσότερες χώρες του Α' Υποσυστήματος γνωρίζουν έντονες αυξομειώσεις στην εισαγωγή όπλων, χωρίς να παρατηρείται προοδευτικά κάποια σταθερή τάση, είτε ανοδική είτε καθοδική. Το γεγονός αυτό μαρτυρά έντονες πολιτικές αλλαγές στις χώρες του Υποσυστήματος, όπου η αλλαγή εξουσίας συνεπάγεται και αλλαγή στην πρόσληψη της απειλής, ενώ την ίδια στιγμή ενδέχεται να αλλάζουν και οι οικονομικές δυνατότητες των εν λόγω χωρών. Χρειάστηκε να λάβουμε υπόψη μας τις περιφερειακές και διεθνείς κρίσεις που επηρέασαν τις εισαγωγές αμυντικού υλικού από τα κράτη, διότι οι κρίσεις δυσχεραίνουν πάντοτε τη νομιμοποίηση μεγάλων αμυντικών δαπανών από τις κυβερνήσεις (2ο Συνέδριο Οικονομικού Σώματος Στρατού Ξηράς, 2019).

Η γενικότερη καθοδική τάση των εισαγωγών πολεμικού υλικού από την Αίγυπτο εκτινάσεται απότομα το 2015, μετά την ανάληψη της εξουσίας από τον Αμπντέλ Φατάχ αλ Σίσι, που συνεπάγεται το τέλος της πολιτικής αστάθειας στη χώρα. Το 2023, οι εισαγωγές της Αιγύπτου έχουν μειωθεί κατά 26% από το διάστημα 2014-2018, με αποτέλεσμα μέσα σε ένα χρόνο η χώρα να πέσει από τη τρίτη στην έβδομη θέση των μεγαλύτερων εισαγωγών όπλων παγκοσμίως στον κατάλογο του Ινστιτούτου Ειρήνης της Στοκχόλμης (SIPRI) (Wezeman, et al., 2024). Ακόμα και έτσι, η Αίγυπτος έχει αυξήσει την ισχύ της σε όπλα μεγάλης εμβέλειας, ενώ παραμένει στην υψηλότερη θέση ανάμεσα στις χώρες που μελετάμε.

Συνεχίζοντας, η ίδια εναλλαγή που παρατηρήθηκε στην Αίγυπτο χαρακτηρίζει την Ελλάδα και το Ισραήλ, μόνο που αυτή τη φορά οι τιμές του δείκτη μετεωρίζονται και υποχωρούν με ακόμη πιο απότομο και ακανόνιστο ρυθμό. Η Ελλάδα, έχοντας φτάσει στη τρίτη θέση του καταλόγου του Ινστιτούτου Ειρήνης της Στοκχόλμης, τη περίοδο 2001-2005, είδε τις εισαγωγές της σε οπλικά συστήματα να ακολουθούν έντονη πτωτική τάση, σε συνέπεια της παγκόσμιας οικονομικής κρίσης και των παρεπομένων αυτής (Wezeman , et al., 2021). Συνολικά, οι εισαγωγές όπλων ελαττώθηκαν κατά 47%, φθάνοντας στα χαμηλότερό τους επίπεδο στη σύγχρονη ιστορία της χώρας (2ο Συνέδριο Οικονομικού Σώματος Στρατού Ξηράς, 2019).

Προχωρώντας στο Β' Υποσύστημα, παρατηρούμε ότι οι – παραδοσιακά υψηλές -εισαγωγές της Τουρκίας διαγράφουν – μακροπρόθεσμα - καθοδική πορεία από τις αρχές της νέας χιλιετίας μέχρι και σήμερα. Παρ' όλα αυτά, η χώρα βρίσκεται στην 11η θέση της λίστας με τις χώρες που έχουν το μεγαλύτερο μερίδιο στην παγκόσμια αγορά οπλικών συστημάτων (Wezeman, et al., 2024), ενώ διατηρεί ενεργά πολεμικά μέτωπα και στρατιωτική παρουσία σε πολλές περιοχές του πλανήτη (OT.gr Newsroom, 2024). Τέλος, όσον αφορά τη Λιβύη τα υπάρχοντα στοιχεία δεν επαρκούν για την εξαγωγή ασφαλών συμπερασμάτων.

Αναλύοντας συνδυαστικά τους δείκτες WB/675 («Συνολικό Προσωπικό Ενόπλων Δυνάμεων») και WB/676 («Προσωπικό Ε.Δ. ως ποσοστό εκ του συνόλου του εργατικού Δυναμικού) παρατηρούμε ότι η Τουρκία, ενώ συντηρεί υπερδιπλάσιο στρατιωτικό προσωπικό από όλες τις χώρες του Α' Υποσυστήματος, πλην της Αιγύπτου, χαρακτηρίζεται από ελαφρώς μόνο μεγαλύτερη αναλογία στρατιωτικού προσωπικού ως προς το εργατικό δυναμικό με αυτές. Η Αίγυπτος είναι η πρώτη χώρα σε στρατιωτικό προσωπικό από τα δύο υποσυστήματα. Ενώ το συνολικό προσωπικό των ενόπλων δυνάμεων παραμένει στα ίδια επίπεδα τη τελευταία δεκαετία, την ίδια στιγμή καταγράφει τη μεγαλύτερη μείωση σε αναλογία με το εργατικό της δυναμικό. Η εν λόγω πτωτική τάση υποδηλώνει πως οι αιγυπτιακές αρχές θεωρούν ασύμφορο να δεσμεύουν μεγαλύτερο μέρος του εργατικού δυναμικού της χώρας. Από όλες τις υπό μελέτη χώρες, το Ισραήλ παρουσιάζει το υψηλότερο ποσοστό στρατιωτικού προσωπικού (βλ. Γράφημα 3), επιβεβαιώνοντας την - πολλάκις τεκμηριωμένη - «ώσμωση» των ενόπλων δυνάμεων με την ισραηλινή κοινωνία και πολιτική (Císcar, n.d.). Αξίζει, τέλος, να σημειωθεί ότι οι χώρες των δύο υποσυστημάτων, πλην της Κύπρου και της Λιβύης, παρουσιάζουν ελαφρά αύξηση στο ποσοστό του στρατιωτικού προσωπικού τη περίοδο 2019-2020, κάτι που μπορεί να ερμηνευτεί ως αίσθηση απειλής για τα συμφέροντά τους.

Ανάλυση του Πυλώνα της Οικονομίας

Οι δείκτες WB/385 - Εισαγωγές Ενέργειας % της συνολικής κατανάλωσης και WB/386 - Εναλλακτικές Πηγές Ενέργειας % της συνολικής κατανάλωσης, μας επιτρέπουν να σχηματίσουμε το ενεργειακό προφίλ των δρώντων. Στο γράφημα 7 (βλ. παράρτημα γραφημάτων), ξεχωρίζει αμέσως η διαφορά της Αιγύπτου με τα υπόλοιπα κράτη του πρώτου υποσυστήματος. Ενώ οι υπόλοιποι δρώντες διατηρούν σχετικά ανεβασμένες εισαγωγές ενεργειακών πόρων από το εξωτερικό και η ζήτησή τους για ανανεώσιμες πηγές ενέργειας διαγράφει σταθερή αυξητική τάση, οι τιμές των αιγυπτιακών εισαγωγών ενέργειας διατηρούνται πάντοτε υπό του μηδενός, ενώ η ζήτηση της Αιγύπτου για πράσινη ενέργεια μειώνεται προοδευτικά αντί να αυξάνεται. Σύμφωνα με στοιχεία του 2022, οι ραγδαία αυξανόμενες ενεργειακές ανάγκες της αιγυπτιακής βιομηχανίας και κοινωνίας καλύπτονται σε ποσοστό μόλις 2,2% από ανανεώσιμες πηγές ενέργειας (Hashim, 2023). Μελετώντας τα γραφήματα 7 και 9, συμπεραίνουμε ότι, δίχως να μειώνει τις εισαγωγές καύσιμων υλών, η Ελλάδα διαγράφει αποφασιστική άνοδο στη κατανάλωση ανανεώσιμων πηγών ενέργειας, και είναι η πρωτοπόρος χώρα του Υποσυστήματος στον εν λόγω τομέα. Η κατάσταση αυτή οφείλεται στη προοδευτική εγκατάλειψη της χρήσης της εγχώριας παραγωγής λιγνήτη υπέρ της εκμετάλευσης της ηλιακής και αιολικής ενέργειας, τη περίοδο 2011-2021 (IEA, 2023).

Προχωρώντας στο Β' Υποσύστημα, από το γράφημα 8 (βλ. παράρτημα γραφημάτων), διαπιστώνουμε ότι οι ενεργειακές εισαγωγές της Τουρκίας διατηρούνται στα ίδια (υψηλά) επίπεδα καθ'όλη τη διάρκεια της υπό μελέτη χρονικής περιόδου, καταγράφοντας ελαφρά αύξηση κάθε χρόνο. Παρ'όλη αυτή τη σταθερότητα, το διάγραμμα της κατανάλωσης «πράσινης ενέργειας», αν και ανοδικό, διαθέτει πολλές και απότομες αυξομειώσεις, γεγονός που αντανακλά τη διστακτική και βραδυκίνητη μετάβαση της Τουρκίας σε εναλλακτικές πηγές ενέργειας.

Όπως μπορεί να διαπιστωθεί από το γράφημα 11 (βλ. παράρτημα γραφημάτων), παρατηρούμε ότι η συνδεσιμότητα των κρατών του Α' Υποσυστήματος με τα διεθνή θαλάσσια μεταφορικά δίκτυα διαγράφει μια ξεκάθαρη ανοδική πορεία, χωρίς να σημειώνει υποχώρηση τη διετία της υγειονομικής κρίσης του COVID-19 (2020-2021). Μπορούμε να θεωρήσουμε αυτή την εξέλιξη ως συνέπεια της συνεχής ανόδου που χαρακτηρίζει τη παγκοσμια ζήτηση για θαλασσιες μεταφορες, αλλά και ως συνέπεια των ιδιαίτερων χαρακτηριστικών των κρατών που απαρτίζουν το Υποσύστημα.

Ηγέτης, στο εν λόγω Υποσύστημα, είναι αδιαμφισβήτητα η Αίγυπτος, κυρίως λόγω του ελέγχου της Διώρυγας του Σουέζ, της μεγαλύτερης διώρυγας παγκοσμίως. Η Διώρυγα του Σουέζ συνδέει τη Μεσόγειο με την Ερυθρά Θάλασσα, και εξυπηρετεί τεράστιο όγκο του διεθνούς εμπορίου μέσω των δύο λιμανιών της, τον λιμένα του Σουέζ στην Ερυθρά Θάλασσα και του Πορτ Σάιντ στη Μεσόγειο (Ahmed, 2022). Συνεχίζοντας την ανάλυση του Α' Υποσυστήματος, αξιοσημείωτη είναι η πρόοδος της Ελλάδας, που διαγράφει ξεκάθαρα ανοδική τάση στη ενσωμάτωση των λιμένων της σε διεθνή θαλάσσια μεταφορικά δίκτυα. Η ανοδική της πορεία οφείλεται, κατά κύριο λόγο, στον αποφασιστικό ρόλο του λιμένα του Πειραιά, αλλά και του αναβαθμισμένου ρόλου άλλων λιμανιών, όπως αυτού της Θεσσαλονίκης. Το Ισραήλ καταγράφει σχετικά σταθερή ανοδική πορεία στις μετρήσεις του δείκτη, που τη τελευταία δεκαετία σημειώνουν πιο δυναμική τάση ανάπτυξης. Με μόνη εξαίρεση την απότομη πτώση των τιμών τη περίοδο 2010 με 2011, πιθανότατα λόγω του ξεσπάσματος ένοπλης σύγκρουσης στη λωρίδα της Γάζας, δεν παρατηρούνται απότομες μεταβολές και διακυμάνσεις των τιμών. Για το πρώτο Υποσύστημα, η Κύπρος σημειώνει τις χαμηλότερες τιμές, αν και κάθε άλλο παρά απομονωμένη είναι από τα διεθνή εμπορικά δίκτυα της θάλασσας.

Περνώντας τώρα στο Β' Υποσύστημα, τη πρωτιά έχει, όπως ήταν αναμενόμενο, η Τουρκία σημειώνοντας αποτελέσματα που πλησιάζουν αυτά της Ελλάδας. Η πορεία που διαγράφει στον δείκτη είναι ως επί το πλείστον ανοδική, με μια σύντομη περίοδο ύφεσης το 2015. Αξίζει, βέβαια, να σημειωθεί πως οι τιμές αυτές αφορούν τη συνδεσιμότητα του συνόλου των τουρκικών λιμένων και όχι μόνο αυτών που βρίσκονται στη Μεσόγειο. Ο βασικός λόγος που επιθυμούμε να υπογραμμίσουμε αυτή τη πληροφορία ειδικά στη περίπτωση της Τουρκίας, έχει να κάνει με το γεγονός ότι αρκετά από τα πιο κερδοφόρα εμπορικά λιμάνια της χώρας (συμπεριλαμβανομένου του μεγαλυτέρου αυτών) δεν βρίσκονται στη Μεσόγειο αλλά στον Εύξεινο Πόντο. Η συνδεσιμότητα της Λιβύης με τα διεθνή ναυτιλιακά δίκτυα είναι η χαμηλότερη του δευτέρου Υποσυστήματος, αλλά και των έξι χωρών που αναλύονται στο παρόν πόνημα. Η πτωτική τάση που αποτυπώνεται στις τιμές του δείκτη από το 2007 αλλάζει και γίνεται έντονα και σταθερά ανοδική το 2011, ύστερα από τα γεγονότα της Αραβικής Άνοιξης και τη πτώση του Μουαμάρ αλ-Καντάφι. Ωστόσο, η ναυτιλιακή ανάπτυξη της χώρας δεν κρατάει πολύ, καθώς το 2014 ξεσπά νέος εμφύλιος πόλεμος και οι ναυτιλιακές εταιρείες να τερματίζουν τα δρομολόγια προς το αφρικανικό κρατίδιο, συντελώντας σε κατακόρυφη πτώση των τιμών του δείκτη. Η πτωτική τάση συνεχίζει, με μια σύντομη ανάκαμψη το διάστημα 2016-2017, μέχρι και σήμερα.

Στα γραφήματα 13 και 14 (βλ. Παράρτημα γραφημάτων) παρουσιάζεται ο δείκτης της Κίνησης Εμπορευματοκιβωτίων (κοντέινερ) στους Λιμένες (WB/649 – Container port traffic). Ειδικότερα, στο γράφημα 13 διαπιστώνεται μια παρόμοια πορεία με αυτή του γραφήματος 11. Όπως ήταν αναμενόμενο, και όσον αφορά τη διέλευση εμπορευματοκιβωτίων σημειώνεται μια σταθερά ανοδική τάση για όλα τα κράτη του Υποσυστήματος πλην της Κύπρου. Την ίδια στιγμή, η Αίγυπτος διατηρεί την πρωτοκαθεδρία, με την Ελλάδα και το Ισραήλ να παρουσιάζουν ενδείξεις στασιμότητας σε επακόλουθο της κρίσης που δημιούργησε στα ναυτιλιακά η πρόσφατη πανδημία. Αφήνοντας πίσω της τη ξαφνική μείωση της περιόδου της παγκόσμιας οικονομικής ύφεσης, η Ελλάδα παρουσιάζει σταθερή ανάκαμψη εδώ και μία δεκαετία, εξαιρώντας, όπως επισημάνθηκε ήδη, τη διετία 2020-2021, κάτι που επιβεβαιώνεται και από το γράφημα 17 (βλ. Παράρτημα γραφημάτων). Σε αντιστοιχία με τα αποτελέσματα του δείκτη Συνδεσιμότητας Ναυτιλιακών Γραμμών, το Ισραήλ καταγράφει σταθερά ανοδική πορεία στη διακίνηση εμπορευματοκιβωτίων, σημειώνοντας ανάπτυξη της τάξης του 6% κάθε χρόνο, όπως επιβεβαιώνει η Επισκόπηση Λιμενικής Βιομηχανίας του Ισραήλ[4] αλλά και η ναυτιλιακή πλατφόρμα *MarineTraffic*. Η Κύπρος βρίσκεται στη χαμηλότερη θέση του Υποσυστήματος, όπως συνέβη και με τον προηγούμενο δείκτη. Από το 2007 ως το 2021, ο δείκτης δεν καταγράφει μεγάλες αλλαγές στη κίνηση Ε/Κ. Ωστόσο, σύμφωνα με στοιχεία της Μαρίνας Λεμεσού, ο συνολικός όγκος εμπορεύματος (στο οποίο περιλαμβάνονται και εμπορευματοκιβώτια) που διέρχεται μέσω του λιμένα αυξήθηκε κατά 60 % μεταξύ 2021 και 2022 (DP World Limassol, 2023), χρονική περίοδο που δεν καλύπτεται από τα στοιχεία της World Data Bank, στα οποία βασίσαμε τους πίνακες.

Στο δεύτερο Υποσύστημα, η διέλευση Ε/Κ από τους τουρκικούς λιμένες μεγαλώνει συνεχώς με τη χώρα να σημειώνει τιμές σχεδόν διπλάσιες από την Αίγυπτο, ηγέτιδα χώρα του Α' Υποσυστήματος. Θα πρέπει, όμως, πάλι να αναφέρουμε ότι οι τιμές αυτές ανταποκρίνονται στο σύνολο της χώρας, και όπως θα δούμε στη συνέχεια, τα μεσογειακά λιμάνια της Τουρκίας προσελκύουν πολύ λιγότερα TEU σε σχέση με τις δύο ηγέτιδες χώρες του Α' Υποσυστήματος. Η διακίνηση εμπορευματοκιβωτίων στα λιμάνια της Λιβύης κινείται σε χαμηλά επίπεδα, εξαιτίας της αστάθειας και των κινδύνων που χαρακτηρίζουν τα εσωτερικά πράγμα της χώρας. Την αξιοσημείωτη ανάπτυξη της περιόδου 2011-2015 διαδέχεται απότομη καθίζηση στις τιμές του δείκτη. Τη τελευταία δεκαετία, οι τιμές συνεχίζουν, με ήπιες αυξομειώσεις, να κυμαίνονται στα ίδια επίπεδα. Το λιμάνι της Τρίπολης διαχειρίζεται ετησίως περί τα 40.000 TEU, με τον λιμένα της Βεγγάζης να δέχεται 16.000 TEU στο ίδιο χρονικό διάστημα (Joshi, 2022).

Όπως έχουμε αναφέρει ήδη, ο δείκτης WB/647 αποδίδει τη συνολική έκταση του σιδηροδρομικού δικτύου, το οποίο αποκτά ξεχωριστή σημασία για τη πραγματοποίηση συνδυασμένων μεταφορών στο πλαίσιο των εφοδιαστικών αλυσίδων. Η Αίγυπτος αποδεικνύεται πρωτοπόρος του Α' Υποσυστήματος, καθώς η έκταση του σιδηροδρομικού της δικτύου είναι υπερδιπλάσια των υπολοίπων. Παρ'όλα αυτά, η πολιτική αστάθεια των τελευταίων δεκαετιών καθήλωσε τον αιγυπτικό σιδηρόδρομο να παραμένει στα ίδια περίπου μεγέθη (IQPC Middle East, 2015), κάτι που επιβεβαιώνεται και από το γράφημα 17. Στην Ελλάδα, τα στοιχεία μαρτυρούν έλλειψη των απαραίτητων υποδομών για συνδυασμένες μεταφορές υπολογίσιμου μεγέθους. Στον αντίποδα, το σιδηροδρομικό δίκτυο του Ισραήλ, ακολουθεί μια σταθερή πορεία ανάπτυξης τη τελευταία εικοσαετία, η οποία έγινε πιο εντατική τα τελευταία δέκα χρόνια. Η Κύπρος δεν διαθέτει σιδηροδρομικό δίκτυο, και γι'αυτό δεν εμφανίζεται καθόλου στο δείκτη. Ωστόσο, η κατάσταση αυτή ενδέχεται να αλλάξει στο άμεσο μέλλον, αν λάβουμε υπόψη τη δεδηλωμένη επιθυμία των αρχών της Κυπριακής Δημοκρατίας για σύνδεση με το Διευρωπαϊκό Δίκτυο Μεταφορών (ΔΕΔ-Μ).

Η Τουρκία παραμένει η ισχυρότερη δύναμη όσον αφορά το μέγεθος του σιδηροδρομικού της δικτύου. Το 2008, έπειτα από μια περίοδο στασιμότητας, το ήδη μεγάλο τουρκικό σιδηροδρομικό δίκτυο, αρχίζει να επεκτείνεται. Ωστόσο, η οικονομική κρίση που ταλανίζει τη χώρα τη τελευταία δεκαετία έχει ανακόψει τους ρυθμούς ανάπτυξης του σιδηροδρομικού δικτύου, χωρίς να της «βάζει φρένο» εντελώς. Ακόμα και έτσι, με συνολική έκταση που ξεπερνά τα 10.000 χιλιόμετα, το εθνικό σιδηροδρομικό δίκτυο της Τουρκίας υπερβαίνει σε μέγεθος το σιδηρόδρομο όλων των κρατών του Α' Υποσυστήματος μαζί. Η Λιβύη δεν διαθέτει σιδηροδρομικό δίκτυο, γεγονός που οφείλεται στη γενικευμένη απαξίωση του συνόλου των υποδομών της χώρας.

Γεωπολιτικό Υπόδειγμα

Από την ανάλυση όλων των δεικτών και των επιπλέων πληροφοριών, καταλήγουμε στις εξής παρατηρήσεις:

> ˃ Οι εισαγωγές μεγάλης κλίμακας εκ μέρους της Αιγύπτου αντανακλούν την ευρύτερη εξοπλιστική τάση στην γεωγραφική «γειτονιά» της Αιγύπτου (Lucente, 2024), καθώς και την εκτίμηση των αρχών για αυξημένους κινδύνους στα σύνορα με τη Λιβύη (Al-Anani, 2022) και πιθανή ένοπλη εμπλοκή της χώρας

στην Αιθιοπία ή στην Ανατολική Μεσόγειο (Wezeman, et al., 2024).

> Από το 2020 και ύστερα, οι πολεμικές δαπάνες της Ελλάδος και του Ισραήλ αρχίζουν να ανεβαίνουν δυναμικά, γεγονός που υποδηλώνει ότι αισθάνονται απειλή και εκτιμούν πιθανό κίνδυνο σύρραξης στο άμεσο μέλλον. Για το Ισραήλ, οι εκτιμήσεις αυτές επαληθεύτηκαν με το ξέσπασμα του πολέμου ανάμεσα στο Ισραήλ και στη παραστρατιωτική οργάνωση Χαμάς, τον Οκτώβριο του 2023.

> Αν και τα στοιχεία της World Data Bank, όσον αφορά τις εισαγωγές αμυντικού υλικού από τη Κύπρο, είναι ελλιπή και δεν φτάνουν μέχρι το 2022, είναι ασφαλές να τεκμαίρουμε ότι οι αμυντικές της εισαγωγές παρέμειναν χαμηλές. Εν τούτοις, οι πρόσφατες παραγγελίες της Κύπρου για νέα οπλικά συστήματα από χώρες της κεντρικής Ευρώπης και τις Η.Π.Α. (Anon., 2024) μαρτυρούν πως συμμερίζεται τη κρίση και τις επιδιώξεις των συμμάχων της.

> Η προοδευτική μείωση των τουρκικών εισαγωγών σε πολεμικό υλικό, που δεν ταιριάζει με τις αυξημένη πολεμική της δράση, εξηγείται από την ανάπτυξη της τουρκικής πολεμικής βιομηχανίας, που επιτρέπει πλέον στη χώρα να παράγει τα δικά της πολεμικά συστήματα και να τα εξάγει (Wezeman , et al., 2021), κυρίως σε χώρες του Κόλπου και στο Πακιστάν (Wezeman, et al., 2024). Μπορούν να αναζητηθούν και πολιτικά αίτια στη πτώση του δείκτη, όπως τα εμπόδια και οι καθυστερήσεις των Η.Π.Α. για τη παράδοση πολεμικών αεροσκαφών στη Τουρκία, ως απάντηση στην αγορά ρωσικών συστημάτων αεράμυνας.

> Από τα ανωτέρω μπορούμε να συμπεράνουμε ότι η Τουρκία επιδιώκει να προβάλει τον εαυτό της σαν στρατιωτική υπερδύναμη στα πρότυπα των Η.Π.Α. και της Ρωσίας, που στηρίζονται στη δική τους πολεμική βιομηχανία. Παρ' όλα αυτά, οι τουρκική παραγωγή σε οπλικά συστήματα μεγάλου μεγέθους δεν έχει δοκιμαστεί ιδιαίτερα στο πεδίο της μάχης, και η χώρα εξακολουθεί να στηρίζεται ως επι το πλείστον σε εισαγωγές πολεμικού υλικού.

> Λόγου του μεγάλου τους μεγέθους οι ΕΔ της Αιγύπτου και της Τουρκίας θα είναι αυτές που θα έχουν τη μεγαλύτερη ανάγκη για ένα εκτεταμένο και αξιόπιστο δίκτυο εφοδιασμού σε περίπτωση γενικευμένης ένοπλης σύγκρουσης.

> Οι εκτεταμένες ανάγκες της αναπτυσόμμενης αιγυπτιακής βιομηχανίας αναγκάζει τη χώρα να εξαρτάται σε μεγάλο βαθμό από την εισαγωγή ορυκτών καυσίμων από το εξωτερικό, καθώς εξάγει σημαντικό μέρος της δικής της παραγωγής σε ορυκτά καύσιμα. Φαίνεται πως η Αίγυπτος αναγνωρίζει αυτή τη τρωτότητα, και φιλοδοξεί να μειώσει την εξάρτηση σε ορυκτά καύσιμα περίπου στο 60% της συνολικής κατανάλωσης με χρονικό ορίζοντα το 2035 (Hashim, 2023).

> Η πρόσφατη κρίση στην Ουκρανία και η παρεπόμενη ευρωπαϊκή απαγόρευση στις εισαγωγές ενέργειας από τη Ρωσία, οδήγησε την Ελλάδα να αναζητήσει νέες εναλλακτικές εξασφάλισης των ορυκτών υλών για τις ενεργειακές της ανάγκες, αλλά και να μεταθέσει τη πλήρη απεξάρτισή της από τον λιγνίτη για το 2028. Η λύση να αυξηθεί η χωρητικότητα των ελληνικών τερματικών σταθμών Υγροποιημένου Φυσικού Αερίου (γνωστό ως ΥΦΑ ή LNG), και η κατασκευή νέων, έδωσε τη δυνατότητα στην Ελλάδα να καλύψει μέγα μέρος των δικών της αναγκών, αλλά και να αυξήσει τις εξαγωγές της. Για παράδειγμα, οι

εξαγωγές ΥΦΑ από την Ελλάδα στη Βουλγαρία αυξήθηκαν από 0,7 bcm σε 2,2 bcm το Σεπτέμβριο του 2022 (IEA, 2023). Παράλληλα, η Ελλάδα φιλοδοξεί αυξήσει το ρόλο της στο αναπτυσόμενο περιφερειακό δίκτυο πετρελαιαγωγών μεταξύ της Μαύρης Θάλασσας και Αδριατικής (Τσέκερης, 2016), και να αναδειχθεί σε περιφερειακό κόμβο εμπορίου φυσικού αερίου στα Βαλκάκια και στη Νότια Ευρώπη (IEA, 2023).

> Μέχρι σήμερα, η Τουρκία δεν διαθέτει κοιτάσματα πετρελαίου και φυσικού αερίου αρκετά να τροφοδοτήσουν τις αυξημένες ανάγκες της βιομηχανίας της, γεγονός που, στα μάτια των τουρκικών αρχών, καθιστά τη χώρα ευάλωτη σε εξωτερικές πιέσεις (Hale, 2022). Μάλιστα, τέτοια σημασία δίνεται στο ενεργειακό ζήτημα που ο ειδικός σε θέματα Τουρκίας, Δρ. William Hale, το χαρακτηρίζει ως «αχίλλειος πτέρνα της Τουρκικής Οικονομίας» (Hale, 2022). Ωστόσο, παρά τις διακηρύξεις για μετάβαση σε ανανεώσιμες πηγές ενέργειας, οι αρχές αμφιταλαντεύονται ανάμεσα στην αξιοποίηση των εγχώριων κοιτασμάτων λιγνίτη και στην επένδυση σε συστήματα εκμετάλλευσης της αιολικής ενέργειας, δημιουργώντας αυτό που ο Δρ. Hale αποκαλεί «άλυτο δίλημμα». Προς το παρόν, επίσημες πολιτικές έχουν παρθεί προς όλες τις κατευθύνσεις, συμπεριλαμβανομένης και της δημιουργίας πυρηνικού σταθμού ηλεκτροπαραγωγής.

> Το Πορτ Σάιντ (Port Said Port) , που χωρίζεται σε ανατολικό και δυτικό λιμένα (βλ. Χάρτη 2), εξυπηρετεί όλους τους ναυτιλιακούς κολοσσούς σύμφωνα με στοιχεία της πλατφόρμας Logistics Cluster . Το λιμάνι της Αλεξάνδρειας (Alexandria Sea Port) είναι ένα από τα πιο σημαντικά λιμάνια της Αιγύπτου, και μέσω αυτού μεταφέρονται μεγάλοι όγκοι εμπορευμάτων, κυρίως τροφίμων, λοιπών καταναλωτικών αγαθών και πετρελαιοειδών (Ahmed, 2022). Διαιρεμένο και αυτό σε δύο λιμάνια, εξυπηρετεί

τις μεγαλύτερες ναυτιλιακές εταιρείες παγκοσμίως, πάντα με στοιχεία του Logistics Cluster . Ωστόσο, εδώ υπεισέρχεται ο πρώτος ερευνητικός περιορισμός που αναφέραμε, διότι, η διέλευση μεταγωγικών πλοίων μέσω της Διώρυγα του Σουέζ έχει μειωθεί σημαντικά στις αρχές του 2024. Ο λόγος είναι οι πειρατικές επιθέσεις των Χούθι της Υεμένης, που έχουν οδηγήσει πολλές εταιρείες να αναζητήσουν εναλλακτικές θαλάσσιες διαδρομές (Μπέλλος, 2024) γύρω από την Αφρική. Συνέπεια αυτής τα κατάστασης είναι η διέλευση των πλοίων από τη διώρυγα να καταγράφει μείωση της τάξης του 55% το Μάρτιο του 2024 (Βαμβακά, 2024), ενώ το φαινομένο του spillover συντελεί ώστε οι συνέπειες να μεταδίδονται δευτερογενώς τόσο στο σύνολο του παγκόσμιου εμπορίου όσο και στις Οικονομίες άλλων χωρών, της Ελλάδας πρωτίστως. Η αναμενόμενη διάρκεια αυτής της κρίσης είναι δύσκολο να υπολογιστεί, διότι αποτελεί υποπροϊόν των συγκρούσεων στη Γάζα ανάμεσα στο Ισραήλ και τη Χαμάς.

> Όντας το μεγαλύτερο λιμάνι της Ανατολικής Μεσογείου και εντός της πεντάδας των μεγαλύτερων λιμανιών της Ευρώπης, ο Πειραιάς έχει εξελιχθεί σε διεθνή εφοδιαστικό κόμβο, εξασφαλίζοντας απευθείας σύνδεση με 72 λιμάνια και κόμβους διεθνώς, ενώ εξυπηρετεί όλες τις μεγάλες ναυτιλιακές εταιρείες (Πάλλης & Βαγγέλας, 2022). Γι'αυτό το λόγο, ο Πειραιάς είναι το μοναδικό λιμάνι της Ανατολικής Μεσογείου που διαθέτει υποδομές και εγκαταστάσεις τελευταίας τεχνολογίας για τη μεταφορά μεγάλου όγκου φορτίων. Όπως παρατηρεί ο Δρ. Θεόδωρος Τσέκερης «η Ελλάδα μέσω του λιμένα του Πειραιά, αποτελεί ένα σημαντικό κρίκο, σε παγκοσμίου κλίμακας εφοδιαστικές αλυσίδες, οι οποίες συνδέουν κύριους λιμένες χωρών και γεωγραφικών περιοχών» (Τσέκερης, 2016). Ωστόσο, μια σειρά ελλείψεις υποβαθμίζουν εν μέρει την αξία των ελληνικών

λιμένων εντός των προαναφερθέντων ΕΑ. Πρόκειται, κυρίως, για ελλείψεις λειτουργικού χαρακτήρα, τη χαμηλή προσαρμοστικότητα της χωρητικότητας των λιμένων, καθώς και την απουσία σιδηροδρομικών συνδέσεων με σταθμούς της ενδοχώρας που θα επέτρεπαν συνδυασμένες μεταφορές μεγάλης κλίμακας (Πάλλης & Βαγγέλας, 2022).

> Οι λιμένες κατέχουν κομβική σημασία για την ισραηλινή οικονομία, καθώς, όπως μαρτυρά η εταιρεία Israel Ports Company, μέσω αυτών διεξάγεται το 99% του διεθνούς εμπορίου της χώρας . Η χώρα διαθέτει τρεις διεθνείς λιμένες, εκ των οποίων οι δύο, τα λιμάνια της Χάιφα και της Ασντόντ, βρίσκονται στη Μεσόγειο. Το λιμάνι της Χάιφα (Port of Haifa), είναι ο μεγαλύτερος εμπορικός λιμένας του Ισραήλ, και εξυπηρετεί 16 ναυτιλιακές εταιρείες, ενώ στο λιμάνι της Ασντόντ να εξυπηρετούνται 18 εταιρείες, σύμφωνα με τα στοιχεία της ναυτιλιακής πλατφόρμας SeaRates. Οι λιμένες του Ισραήλ αποτελούν δρομολογίων που τους συνδέουν απευθείας με λιμάνια στη Μεσόγειο, στην Αδριατική, στη Μαύρη Θάλασσα και με την αμερικανική ήπειρο, σύμφωνα με την Israel Ports Company.

> Η κατάσταση που αποτυπώνεται στους δείκτες αναμένεται να έχει μεταβληθεί σημαντικά ύστερα από τις συγκρούσεις στη Γάζα, και τα πολιτικά παρεπόμενα που προκύπτουν. Ενώ οι επιπτώσεις των συγκρούσεων καθαυτών δεν φαίνεται να έχουν μεγάλο αντίκτυπο στο σύνολο των λιμενικών δραστηριοτήτων της χώρας, η πειρατική δράση των Χούθι στην Ερυθρά Θάλασσα και οι συνέπειες αυτής στη διεθνή ναυτιλία είναι μάλλον αδύνατο να μην «βρουν το δρόμο τους» προς το Ισραήλ. Ήδη ο κινεζικός κολοσσός της COSCO διέκοψε τη μεταφορά εμπορευμάτων προς το Ισραήλ, (MI News Network, 2024) γεγονός που εκτιμάται ως αξιοσημείωτο πλήγμα για τη θέση της χώρας στις εφοδιαστικές αλυσίδες του εμπορίου που συνδέουν την Άπω

Ανατολή με την Ευρώπη. Μάλιστα, το πρόσφατο ενδιαφέρον της Israel Ports Company για την αγορά λιμένα στη Δημοκρατία της Κύπρου ερμηνεύεται ως απόδειξη πως το Ισραήλ προετοιμάζεται για το ενδεχόμενο η λειτουργία του λιμανιού της Χάιφα να κριθεί επικίνδυνη λόγω του πολέμου (Anon., 2024).

> Η Κύπρος έχει αναδειχθεί σε σημαντικό διεθνή ναυτικό κόμβο, που συνδέει χώρες της Μέσης Ανατολής με την Ευρώπη (Michaelides, et al., 2019), επωφελούμενη από μια κομβική γεωγραφική θεση, που τη τοποθετεί ουσιστικά στο διάβα των εμπορικών δρόμων που συνδέουν την Ευρώπη και την ανατολική Μεσόγειο με την Ασία και την Αφρική. Ο λιμένας της Λεμεσού, υπό την επίσημη ονομασία του ως «Μαρίνα Λεμεσού» (DP World Limassol), είναι ο μεγαλύτερος και πιο εκσυγχρονισμένος λιμένας της νήσου, και, μαζί με το λιμάνι της Λάρνακας διαχειρίζεται το μεγαλύτερο όγκο εμπορικού φορτίου (European MSP Platform, 2024). Ακολουθούν τα λιμάνια της Λάρνακας, του Βασιλικού, και της Δεκέλιας, που εξυπηρετούν κυρίως εξειδικευμένες δραστηριότητες. Σύμφωνα με τα στοιχεία του πίνακα, η συνδεσιμότητα της νήσου με τα διεθνή ναυτικά δίκτυα αυξάνεται σταθερά κάθε χρόνο, αλλά σε μικρότερο ποσοστό από τα υπόλοιπα μέλη του υποσυστήματος.

> Οι χαμηλές επιδόσεις της Κύπρου μπορούν να αποδοθούν σε μια πληθώρα παραγόντων. Ο κύριος ναυτιλιακός προορισμός της Κύπρου, το λιμάνι της Λεμεσού, βρίσκεται σε μικρή απόσταση από τα ισχυρότερα, μεγαλύτερα και ευρέως καθιερωμένα γειτονικά λιμάνια, όπως αυτά του Πειραιά και της Χάιφα, από τα οποία και υφίσταται δριμύ ανταγωνισμό (Michaelides, et al., 2019). Επιπλέον, οφείλουμε να λάβουμε υπόψη ότι ο λιμένας της Λεμεσού, στη σημερινή του μορφή, έχει σχετικά σύντομη παρουσία στη λιμενική αγορά της ανατολικής Μεσογείου. Έχουν περάσει μόλις δέκα χρόνια από τότε που η Μαρίνα Λεμεσού

άνοιξε ως λιμένας πολλαπλών χρήσεων (Kapsis, 2021), σε μια περίοδο που συνέπεσε με τη πρόσφατη οικονομική κρίση. Παρ'όλα αυτά, η ταχύτατη ανάπτυξή που γνωρίζει οδήγησε την Αρχή Λιμένων Κύπρου να δρομολογήσει την επέκτασή του λιμένα, αποσκοπώντας σε σύντομο χρονικό διάστημα να αποκτήσει ηγετική θέση ως λιμενικός προορισμός στη περιοχή. Μια ακόμη αιτία του φαινομένου σχετίζεται με τη συστηματική υπονόμευση των κυπριακών λιμένων από την Τουρκία. Συγκεκριμένα, το 1987 η Άγκυρα απαγόρευσε την είσοδο πλοίων με κυπριακή σημαία στα λιμάνια της, ενώ μια δεκαετία αργότερα, επέκτεινε την απαγόρευση και σε όσα πλοία κατέπλεαν προς τουρκικούς κόμβους απευθείας από κυπριακά λιμάνια, ανεξαρτήτως σημαίας (RSM Cyprus LTD, 2023).

> Επωφελούμενη από μια κεντρική θέση στην Ανατολική Μεσόγειο και την εγγύτητά της με τη Διώρυγα του Σουέζ, καθώς και με τα σημαντικά λιμάνια του Πειραιά και της Χάιφα, η Τουρκία έχει εξελιχθεί σε σημαντικό εταίρο της Γερμανίας και του Ηνωμένου Βασιλείου στο ναυτιλιακό τομέα (Sinha, 2021). Ωστόσο, σύμφωνα με τον Hakan Erdoğan, αναλυτή της Τουρκικής Εταιρίας Σιδηροδρόμων (TCDD), ο βαθμός κεντρικότητας των τουρκικών λιμανιών δεν επαρκεί για να τα αναδείξει σε εμπορικούς κόμβους (Erdoğan , 2008).

> Τρία είναι τα σημαντικά λιμάνια εμπορευματοκιβωτίων (container ports) που διαθέτει η Τουρκία στη Μεσόγειο. Πρόκειται για τα λιμάνια της Κωνσταντινούπολης, της Σμύρνης και της Μερσίνης, που βρίσκονται υπό τον έλεγχο της Τουρκικής Εταιρίας Σιδηροδρόμων (TCDD). Το λιμάνι της Κωνσταντινούπολης (Haydarpaşa Limanı) είναι ένα από τα τρία μεγαλύτερα λιμάνια της χώρας, και το μόνο εξ αυτών που βρίσκεται στη Μεσόγειο. Σύμφωνα με στοιχεία της πλατφόρμας ShipHub , ο λιμένας της Κωνσταντινούπολης έχει εξασφαλίσει

απευθείας σύνδεση με περισσότερα από 27 λιμάνια, στα οποία περιλαμβάνονται ο Πειραιάς, η Θεσσαλονίκη, η Οδησσός, το Μπουσάν και η Σανγκάη. Πάνω από 20 ναυτιλιακές εταιρείες εξυπηρετούνται στο λιμάνι της Μερσίνης (Mersin Limanı), το οποίο έχει εξασφαλίσει σύνδεση με 100 λιμένες παγκοσμίως, όπως μαρτυρούν τα δεδομένα της πλατφόρμας Logistics Cluster . Τέλος, ο λιμένας της Σμύρνης (İzmir Limanı) εξυπηρετεί 28 κύριες ναυτιλιακές εταιρείες.

> Από τα έξι λιμάνια της Λιβύης, θα μας απασχολήσουν τα τρία σημαντικότερα που βρίσκονται στην Ανατολική Μεσόγειο, ξεκινώντας από τον κύριο λιμένας της χώρας, το λιμάνι της Τρίπολης (Port of Tripoli). Πρόκειται για σημαντικό εμπορικό κόμβο που εξυπηρετεί 6 διεθνείς ναυτιλιακές εταιρείες σύμφωνα με στοιχεία της πλατφόρμας SeaRates . Στη συνέχεια, το λιμάνι της Βεγγάζης (Benghazi Port) διατηρεί ναυτιλιακή σύνδεση με 7 ναυτιλιακές εταιρείες , και, παρά την υποβάθμιση των υποδομών του, παίζει σημαντικό ρόλο στη διακίνηση πετρελαιοειδών, τροφών και λοιπών καταναλωτικών προϊόντων (Joshi, 2022). Τέλος, ο λιμένας της Μάρσα ελ Μπρέγκα (Marsa El Brega Port) κατέχει σημαντικό ρόλο στη μεταφορά πετρελαίου και χυμικών προϊόντων αν και εξυπηρετεί μόλις 2 ναυτιλιακές.

> Μπορούμε να αναζητήσουμε την αιτία των χαμηλών επιδόσεων της Λιβύης στην ασταθή και έκρυθμη πολιτική και στρατιωτική κατάσταση που επικρατεί στη χώρα. Τα αποτελέσματα του εμφυλίου πολέμου στη χώρα έχουν οδηγήσει σε υποβάθμιση και καθυστέρηση στον εκσυγχρονισμό των λιμενικών υποδομών, ενώ σε διάφορες περιπτώσεις λιμάνια της Λιβύης έχουν αναγκαστεί να κλείσουν. Χαρακτηριστικά παραδείγματα είναι ο βομβαρδισμός τουρκικού φορτηγού πλοίου στο λιμάνι της Τρίπολης (Anon., 2020) και το ότι το λιμάνι της Βεγγάζης παρέμενε κλειστό από το 2013 μέχρι το 2018 (Joshi, 2022).

Τέλος, δεν είναι λίγες φορές που οι ενεργειακές εγκαταστάσεις στα κοιτάσματα πετρελαίου της χώρας έχουν αναγκαστεί να σταματήσουν τη παραγωγή πετρελαίου λόγω των συγκρούσεων (OT.gr Newsroom, 2024).

> Όπως και οι υπόλοιπες χώρες του υποσυστήματος, η Αίγυπτος είδε τη διέλευση των πλοίων να μειώνεται το πρώτο μισό του 2021, λόγω των περιορισμών για τον έλεγχο της υγειονομικής κρίσης. Παρ'όλα αυτά, γνώρισε αυξημένες αφίξεις στο δεύτερο μισό του έτος, σημειώνοντας συνολικά άνοδο σε σχέση με το προηγούμενο έτος (UNCTAD, 2021). Η εξξέλιξή της συνεχίζεται ανοδική, όπως μαρτυρά και το γράφημα 15 (βλ. Παράρτημα γραφημάτων), καθώς μέσω του Σουέζ διακινείται «περίπου το ένα τρίτο του συνόλου του παγκοσμίου όγκου εμπορευματοκιβωτίων» (Μπέλλος, 2024). Το Πορτ Σάιντ του Σουέζ διαχειρίζεται περί τα 1.000.000 TEU εμπορευματοκιβωτίων κάθε χρόνο (Ahmed, 2022). Σύμφωνα, όμως, με πρόσφατα στοιχεία του ΟΗΕ, η διέλευση εμπορευματοκιβωτίων μέσω του Σουέζ έχει μειωθεί κατά 67% ήδη τον πρώτο μήνα του 2024 (“Διώρυγα του Σουέζ”, 2024), σε συνέπεια των επιθετικών ενεργειών των Χούθι, που προαναφέραμε. Ο όγκος Ε/Κ που διέρχεται από το λιμάνι της Αλεξάνδρειας κάθε χρόνο υπολογίζεται στα 255.000 TEU (Ahmed, 2022).

> Τα δύο μεγαλύτερα ελληνικά λιμάνια, ο Πειραιάς και η Θεσσαλονίκη εδραιώνονται όλο και περισσότερο στην διεθνή αγορά διακίνησης εμπορευματοκιβωτίων, με κύριες χώρες προέλευσης τη Τουρκία, τη Σαουδική Αραβία, την Ουκρανία και την Ινδία (μεταξύ άλλων), ενώ σημαντική κίνηση παρουσιάζουν και οι λιμένες των Αγίων Θεοδώρων, των Μεγάρων, της Ελευσίνας, του Βόλου και του Ηρακλείου (Τσέκερης, 2016). Το λιμάνι της Θεσσαλονίκης φιλοξενεί περί τα 370.000 TEU κάθε

χρόνο (Ahmed, 2023), ενώ διαμέσου του Πειραιά διακινούνται σε ετήσια βάση περισσότερα από 6 εκατομμύρια TEU εμπορευματοκιβωτίων (Sinha, 2021). Την ίδια στιγμή, οι λιμένες των Αγίων Θεοδώρων, Ελευσίνας και Μεγάρων εξυπηρετούν αυξανόμενη μερίδα της διακίνησης χύμα υγρών φορτίων, ως αποτέλεσμα της ραγδαίας αύξησης των εξαγωγών υγρών (πετρελαιοειδών κυρίως) καυσίμων. Νεότερα, όμως, στοιχεία, καταγράφουν σημαντική υποχώρηση στις εξαγωγές πετρελαιοειδών σε σχέση με τα νούμερα του 2022, ως συνέπεια της σύρραξης στη Γάζα και άλλων παραγόντων (Anon., 2023). Οι εξαγωγές πετρελαιοειδών αναμένεται να μειωθούν περαιτέρω καθώς η τουρκική αγορά αρχίζει να απομακρύνεται από την εισαγωγή προϊόντων διύλισης πετρελαίου από την Ελλάδα (Χαροντάκης, 2024). Την ίδια στιγμή, τα αποτελέσματα της κρίσης στο Σουέζ άρχισαν να δείχνουν τα αποτελέσματά τους και στην Ελλάδα, καθώς η διέλευση Ε/Κ μέσω του Πειραιά να υποχωρεί κατά 12,7% τον Ιανουάριο του 2024, με τους ειδικούς να αναμένουν περαιτέρω μείωση της διακίνησης (Βαμβακά, 2024). Το λιμάνι της Θεσσαλονίκης παρουσιάζεται, προς το παρόν, να μην επηρεάζεται σε ιδιαίτερα μεγάλο βαθμό δεδομένου του ότι δέχεται περισσότερο μικρότερα πλοία τροφοδοσίας, που δεν έρχονται απευθείας από το Σουέζ (Ναυτεμπορική, 2024).

> Αξίζει, ακόμη, να σημειωθεί πως οι αυξανόμενες υψηλές τιμές της Ελλάδας στον δείκτη «WB/649 - Κίνηση Κοντέινερ στους Λιμένες», δεν αντιστοιχούν σε ευρεία διασπορά της εμπορευματικής κίνησης ανά τους ελληνικούς λιμένες. Η μερίδα του λέοντος των Ε/Κ συνωστίζεται στα λιμάνια του Πειραιά και της Θεσσαλονίκης, ενώ οι περισσότεροι από τους εναπομείναντες λιμένες καταλαμβάνουν ολοένα και μικρότερο μερίδιο της αγοράς (Τσέκερης, 2016). Ο λόγος που κρίνουμε την εν λόγω πληροφορία σημαντική είναι ότι η κατάσταση που περιεγράφηκε

εγκυμονεί κινδύνους υποβάθμισης των κόμβων που δεν βρίσκονται στην Αττική ή στη Μακεδονία. Την ίδια στιγμή, μπορούν να δημιουργηθούν προβλήματα συμφόρησης στον Πειραιά και στη Θεσσαλονίκη, γεγονός που ενδέχεται να μειώσει την ανταγωνιστικότητα των ελληνικών λιμένων τη στιγμή που η αγορά Ε/Κ πολλαπλασιάζεται αυξάνοντας τη ζήτηση για λιμένες (Πάλλης & Βαγγέλας, 2022).

> Το λιμάνι της Χάιφα στο Ισραήλ δέχεται ετησίως περισσότερα από 1,47 εκατομμύρια TEU (Bhattacharjee, 2022). Την ίδια στιγμή, το λιμάνι της Ασντόντ καταγράφει κίνηση που ξεπερνά το 1 εκατομμύριο TEU, ενώ η προέκτασή του, ο λιμένας Εϊτάν (Eitan Port) διαχειρίζεται περίπου 1,58 εκατομμύρια TEU στο ίδιο χρονικό διάστημα. Για το 2024, όμως, αναμένουμε πτώση αυτών των τιμών, σε συνέπεια της διακοπής μεταφοράς των εμπορευματοκιβωτιών της COSCO στους λιμένες του Ισραήλ (MI News Network, 2024).

> Το λιμάνι της Κωνσταντινούπολης (Haydarpaşa Limanı) φιλοξενεί ετησίως περί τα 140.000 TEU εμπορευματοκυβωτίων (Sinha, 2021). Η διακίνηση Ε/Κ του λιμένα κυμαίνεται στα ίδια επίπεδα από το 2015 και μετά. Πρόκειται για σαφή υποχώρηση, δεδομένου ότι λιγότερο από μια δεκαετία πριν (περίοδος 2006-2008) πλησίαζε τα 400.000 TEU (βλ. γράφημα 18). Το λιμάνι της Μερσίνης, από την άλλη, παρουσιάζεται να διαχειρίζεται ετήσιο όγκο ανάμεσα στα 2,2 και 2,5 εκατομμύρια TEU (Sinha, 2021). Επομένως, έχει σημειώσει σημαντική ανάπτυξη, δεδομένου του ότι πριν το 2018 δεν είχε ξεπεράσει τα 1,72 εκατομμύρια TEU ανά έτος, σύμφωνα με στοιχεία της πλατφόρμας ShipHub . Διαμέσου του λιμένα της Σμύρνης διακινούνται ετησίως περισσότερα από 1 εκατομμύριο TEU (Sinha, 2021).

> Αν και το σιδηροδρομικό δίκτυο της Αιγύπτου εκτείνεται για περισσότερα από 10 χιλιάδες χιλιόμετρα (Anon., 2024), ο σιδηρόδρομος χρησιμοποιείται για τη μεταφορά μόλις του 1,9% των εμπορευμάτων (Daito, 2023), ποσοστό που αντιστοιχεί σε 5,5 εκατομμύρια τόνους φορτίου. Την ίδια στιγμή, περίπου το 96% του συνολικού φορτίου φεύγει από τα λιμάνια πάνω σε φορτηγά οχήματα (Daito, 2023). Η κατάσταση αυτή αποτελεί συνισταμένη πολλών παραγόντων που σχετίζονται με τη πεπερασμένη χωρητικότητα του υπάρχοντος δικτύου, την απουσία ιδιωτών από τις σιδηροδομικές μεταφορές, αλλά και με τις ξεχωριστές προκλήσεις του αιγυπτιακού τοπίου (Daito, 2023). Αυτός είναι ο λόγος που η κυβέρνηση της Αιγύπτου προωθεί έργα για την επέκταση του σιδηροδρομικού άξονα της χώρας και την αναβάθμισή του με . Στα έργα αυτά περιλαμβάνονται και η σύνδεση του λιμανιού της Αλεξάνδρειας και του «Dry Port της 6ης Οκτωμβρίου» (October Dry Port), και η κατασκευή του πολυαναμενόμενου «Suez Canal on Rails», που αφορά τη σύνδεση της Ερυθράς Θάλασσας και της Μεσογείου με συρμούς υψηλής ταχύτητας (Soulier, 2023).

> Σε αντίθεση με τη πλειοψηφία των χωρών της Ευρώπης, όπου οι μεγάλοι σιδηροδρομικοί άξονες έχουν τον πρώτο λόγο στη μετακίνηση αγαθών, στην Ελλάδα καταλαμβάνουν ένα ελάχιστο μερίδιο εκ του συνόλου των χερσαίων μεταφορών εμπορευμάτων, εξυπηρετώντας κατά βάση εσωτερικές, εθνικές ανάγκες, που αποτελούν το λιγότερο αποδοτικό κομμάτι των σιδηροδρομικών μεταφορών (Τσέκερης, 2016). Συγκεκριμένα, σύμφωνα με στοιχεία της Eurostat, το ποσοστό αυτό δεν ξεπερνούσε το 1,2% του συνόλου των χερσαίων μεταφορών τη διετία 2012-2013 (Ευρωπαϊκό Ελεγκτικό Συνέδριο, 2016), οπότε και η έκταση του σιδηροδρομικού δικτύου σημειώνει τη χαμηλότερή της επίδοση στο δείκτη. Η κατάσταση αυτή μπορεί να εξηγηθεί από το

γεγονός ότι οι εξαγωγές αγαθών από την Ελλάδα προς το εξωτερικό, έχουν ως αφετηρία περιοχές του βόρειου τμήματος της χώρας και προορισμό τη Γερμανία, τη Γαλλία μα κυρίως την Ιταλία. Είναι, δηλαδή, εστιασμένες σε μικρές αποστάσεις που καλύπτονται αποτελεσματικά (και αποδοτικά) με φορτηγά οχήματα, και επομένως δεν δημιουργούν επιτακτικές πιέσεις για τη πολυδάπανη και χρονοβόρα επέκταση ενός διαχρονικά ελλιπούς σιδηροδρομικού δικτύου (Τσέκερης, 2016).

> Αξιοσημείωτη αν και μικρή είναι η ανάπτυξη που παρουσιάζεται στις επιδόσεις της χώρας από το 2018 και έπειτα. Ακόμη, η διευρυμένη συνδεσιμότητα των ελληνικών λιμένων με διεθνή θαλάσσια εμπορικά δίκτυα δημιουργεί προοπτικές ανάπτυξης του σιδηροδρομικού δικτύου, με το βλέμμα στην εξυπηρέτηση των αναγκών της συνδυασμένης μεταφοράς προϊόντων. Απόδειξη αυτών των προοπτικών είναι το γεγονός ότι η χώρα έχει ένα μεγάλο διεθνή έργο «στα σκαριά», που εφόσον ολοκληρωθεί δύναται να αναβαθμίσει τον ρόλο της Ελλάδος σε «βασικό εμπορευματικό και μεταφορικό hub στη Νοτιοανατολική Ευρώπη» (Anon., 2022). Πρόκειται για το σιδηροδρομικό εμπορευματιό διάδρομο «Βαλτικής Θάλασσας – Ευξείνου Πόντου – Αιγαίου Πελάγους», μέχρι πρότινος γνωστού ως «Sea2Sea. Ο εν λόγω Σιδηροδρομικός Διάδρομος είναι ένα διασυνοριακό έργο ανάμεσα στην Ελλάδα, τη Βουλγαρία και τη Ρουμανία, που σχεδιάζεται στα πλαίσια του νέου Ευρωπαϊκού Διαδρόμου Μεταφορών (Anon., 2023). Έχοντας ως βασικό στόχο την αποφυγή των κινδύνων και δυσλειτουργιών που ταλανίζουν τη διαχείριση των υπαρχόντων εφοδιαστικών αλυσίδων, ο εμπορευματικός διάδρομος «Βαλτικής Θάλασσας – Ευξείνου Πόντου – Αιγαίου Πελάγους» θα στηρίζεται σε ένα πολυτροπικό και πολυεθνικό σιδηροδρομικού δίκτυο μεταφορών που θα συνδέει τους εμπορικούς λιμένες τριών

θαλασσών και εννέα κρατών. Ενταγμένο σε αυτό είναι το πρόγραμμα της Ανατολικής Σιδηροδρομικής Εγνατίας, που περιλαμβάνει τη σιδηροδρομική σύνδεση των σημαντικότερων εμπορικών εμπορικών κέντρων του βόρειου τμήματος της χώρας (Θεσσαλονίκη, Καβάλα, Ξάνθη και Αλεξανδρούπολη), καθένα από τα οποία διαθέτει υπολογίσιμους εμπορικούς λιμένες (Καραγιάννης, 2023). Τα έργα αυτά, που ακόμα βρίσκονται στη φάση του σχεδιασμού, αναμένεται να χρηματοδοτηθούν σε μεγάλο βαθμό από ευρωπαϊκά επενδυτικά κεφάλαια και διεθνείς τραπεζικούς ομίλους (Καραγιάννης, 2023). Μπορούμε να πούμε ότι, σε αυτή τη περίπτωση, είναι η προοπτική συμμετοχής της χώρας σε εφοδιαστικές αλυσίδες που δημιουργεί τις δυναμικές για αναβάθμιση των υποδομών της χώρας, και όχι το αντίστροφο.

> Στο Ισραήλ, ένας στόλος 60 τραίνων κινητοποιείται καθημερινά αποκλειστικά για μεταφορές αγαθών, με τον ετήσιο όγκο εμπορευμάτων να πλησιάζει σε σύνολο τους 9 εκαττομύρια τόνους (Israel Railways, 2024). Η ανάπτυξη αυτή τροφοδοτείται από ένα κύμα δαπανηρών κρατικών επενδύσεων, που προορίζεται να εξακολουθήσει, παρά τις συνεχιζόμενες συγκρούσεις στη Γάζα. Η πρόσφατη σιδηροδρομική σύνδεση του λιμανιού της Χάιφα και του λιμανιού της Ασντόντ με το υπόλοιπο σιδηροδρομικό δίκτυο και με τερματικούς σταθμούς, μαρτυρούν το γεγονός ότι οι ισραηλινές αρχές δείχνουν σαφή προτίμηση στις σιδηροδρομικές μεταφορές έναντι των οδικών, οι οποίες ενοχοποιούνται για την έντονη κυκλοφοριακή συμφώρηση του οδικού δικτύου του Ισραήλ, καθώς και για τη μόλυνση του περιβάλλοντος (Goldberg, 2023). Με την ολοκλήρωση των τελευταίων προγραμμάτων να προβλέπεται για το 2027, και να περιλαμβάνει την επέκταση και τον εκσυγχρονισμό του σιδηροδρομικού δικτύου με ηλεκτροκίνητους συρμούς (Israel Railways, 2024), διαπιστώνουμε ότι στο Ισραήλ αποδίδουν

μεγάλη σημασία στον σιδηρόδρομο για την οικονομική ανάπτυξη της περιοχής.

> Με τον κύριο όγκο των τουρκικών σιδηροδρομικών γραμμών να ξεπερνά τα 10.500 χιλιόμετρα , όπως μαρτυρά η πλατφόρμα Logistics Cluster, θα περιμέναμε ο σιδηρόδρομος να καταλαμβάνει πρωταγωνιστικό ρόλο στις μεταφορές φορτίου. Παρ 'όλα αυτά, το 2022, ο όγκος φορτίου που μεταφέρθηκε ετησίως από τους τουρκικούς σιδηροδρόμους πλησίαζε τους 19,5 τόνους – μέγεθος που αντιστοιχεί μόλις στο 5% του συνολικού μεταφερόμενου φορτίου (Çelebi, 2023). Επιθυμώντας να περιορίσουν το μερίδιο των οδικών μεταφορών αυξάνοντας αυτό του σιδηροδρόμου, οι τουρκικές αρχές έχουν προωθήσει τη τελευταία δεκαετία μια σειρά φιλόδοξων μεταρρυθμίσεων και επενδυτικών προγραμμάτων με στόχο την αναβάθμιση, επέκταση και βελτίωση της αποτελεσματικότητας του σιδηροδρομικού δικτύου στα πλαίσια συνδυασμένων μεταφορών. Δεδηλωμένος σκοπός των μεταρρυθμίσεων είναι να αυξηθούν οι αναπτυξιακές δυνατότητες της εθνικής οικονομίας και η αναβάθμιση της αποτελεσματικότητας των εγχώριων εφοδιαστικών αλυσίδων.

> Οι μεταρρυθμίσεις αυτές προβλέπουν την ιδιωτικοποίηση του εθνικού σιδηροδρομικού δικτύου, την εισαγωγή ηλεκτροκίνητων συρμών και τη κατασκευή σιδηροδρόμων υψηλής ταχύτητας. Οι επενδύσεις δισεκατομμυρίων δολαρίων αναμένεται να συνεχιστούν, περιλαμβάνοντας και τη κατασκευή τουρκικών ηλεκτροκίνητων συρμών σε μια προσπάθεια να τονωθεί η τοπική οικονομία και να μειωθεί η εξάρτιση της Τουρκίας από τους εταίρους της (Anon., 2024). Όμως, παρά την εφαρμογή των ανωτέρω πολιτικών και την αύξηση στο συνολικό φορτίο, το μερίδιο των σιδηροδρόμων δεν αυξήθηκε, ενώ το ποσοστό τους

επί του συνόλου του μεταφερόμενου φορτίου υποχώρησε στο 4%
στα τέλη του 2022 (Çelebi, 2023).

Γεωστρατηγική Σύνθεση

Αφού διαπιστώσαμε την προβολή ισχύος του Γεωπολιτικού Παράγοντα της εφοδιαστικής αλυσίδας στο Σύστημα και τα Υποσυστήματα που αναλύθηκαν, στο κεφάλαιο της Γεωστρατηγικής Σύνθεσης θα διενεργηθεί παρουσίαση προτάσεων υπό τη συγκεκριμένη οπτική γωνία των ελληνικών συμφερόντων.

Διαθέτοντας ένα από τα σημαντικότερα ευρωπαϊκά λιμάνια, αλλά και τον δεύτερο μεγαλύτερο στόλο παγκοσμίως (UNCTAD, 2021), η ελληνική Οικονομία προσφέρει στην Ελλάδα τη δυνατότητα να εξελιχθεί σε μείζονα περιφερειακή δύναμη. Η κομβική συνεισφορά της Ελλάδας στις διηπειρωτικές εμπορικές συναλλαγές μεταξύ Ασίας και Ευρώπης αποδεικνύει τη κεντρική της θέση στα δίκτυα του διεθνούς θαλάσσιου εμπορίου, καθώς και τη δυνατότητά της να διαδραματίσει καίριο οικονομικό και γεωπολιτικό ρόλο στη Νοτιοανατολική Ευρώπη και την περιοχή της Μεσογείου. Σε αυτό το πλαίσιο, θα ήταν χρήσιμη η βελτίωση της οργάνωσης των ελληνικών λιμένων, όπως και της σύνδεσης των μεγάλων λιμανιών με τα μικρότερα, που, καλύπτουν μικρό μερίδιο της λιμενικής αγοράς. Με αυτό το τρόπο οι λιμένες γίνονται πιο ανταγωνιστικοί, η ροή αγαθών πιο γρήγορη, και ακόμα οι αλυσίδες εφοδιασμού γίνονται πιο σύντομες και αποτελεσματικές (Atacan, et al., 2022). Επιπροσθέτως, η κεντρική θέση της χώρας θα μπορούσε ενδεχομένως να ενισχυθεί μέσω της διεύρυνσης των συνεργασιών και του καλύτερου συντονισμού των επιχειρησιακών σχεδίων με μεγάλα διεθνή λιμάνια στην ευρύτερη περιοχή, ιδιαίτερα στη Βόρεια Μεσόγειο.

Όμως, κάτι τέτοιο δεν μπορεί να γίνει χωρίς την αναβάθμιση της υπάρχουσας υποδομής. Πέραν του εκσυγχρονισμού και των επεκτάσεων που θα μπορούσαν να γίνουν στους μεγάλους λιμένες της χώρας (για τα οποία έχουμε αναφερθεί ήδη), η Ελλάδα χρειάζεται περισσότερο να ενισχύσει τον κλάδο των σιδηροδρομικών μεταφορών. Οι συνθήκες στα Βαλκάνια και στις χώρες της Βαλτικής ευνοούν τη δημιουργία ροών σιδηροδρομικής διαμετακόμισης φορτίων (transit) που μέσω της ηπειρωτικής Ελλάδας που να συνδέουν χώρες της Νότιας Ευρώπης (π.χ. στη γειτονική Ιταλία) με τα Βαλκάνια και τη Τουρκία, και από εκεί με τις χώρες της Βαλτικής, μέχρι τη Ρωσία και την Ουκρανία (Τσέκερης, 2016). Ένα τέτοιο εμπορικό δίκτυο θα προσέφερε μια πιο οικονομική και πιο «πράσινη» εναλλακτική στις αντίστοιχες θαλάσσες ροές, καθώς παρακάμπτει την ανάγκη διέλευσης από τα στενά του Βοσπόρου, με τις καθυστερήσεις, τη περιβαλλοντική επιβάρυνση και ό,τι άλλο συνεπάγεται. Μάλιστα, τα έργα για τη κατασκευή της «Σιδηροδρομικής Εγνατίας» και του σιδηροδρομικού εμπορευματικού διαδρόμου «Βαλτικής Θάλασσας – Ευξείνου Πόντου – Αιγαίου Πελάγους» (αμφότερα αναλύθηκαν ενδελεχώς πιο πάνω), βρίσκονται ήδη σε προετοιμασία, αλλά θα πρέπει να ακολουθούνται από εκυγχρονισμό της ελληνικής υποδομής με σιδηροδρόμους υψηλών ταχυτήτων. Η αρχή είναι εύκολο να γίνει από την ένωση Ελλάδας-Βουλαγαρίας και Ρουμανίας διότι οι σύντομες αποστάσεις ευνοούν την αντικαστάσταση των υπαρχόντων οδικών συνδέσεων (Τσέκερης, 2016), και δημιουργία δικτύων συνδυασμένων μεταφορών εντάσεται στη στοχοθεσία της Ευρωπαϊκής Ένωσης, στην οποία εντάσσονται οι τρεις χώρες (Notteboom, et al., 2022). Επομένως, για να αποκτήσει η Ελλάδα συγκρητικό πλεονέκτημα έναντι της Τουρκίας στις εμπορικές μεταφορές, η απάντηση βρίσκεται στο Σιδηρόδρομο.

Επιπλέον, είναι απαραίτητο και οι ελληνικές Ένοπλες Δυνάμεις να εντάξουν συστήματα Logistics στη Διοίκηση και Λειτουργία τους, για τη βέλτιστη αξιοποίηση των πόρων τους, και καλύτερη επιχειρησιακή ετοιμότητα σε καιρό ειρήνης ή στη ζώνη των επιχειρήσεων. Η απαρίθμηση όλων των αλλαγών που θα μπορούσαν να συντελεστούν ξεπερνά, βέβαια, το περιορισμένο χώρο του ανά χείρας πονήματος. Ωστόσο, σε αδρές γραμμές, η αξιοποίηση των Logistics επιτρέπει την ανάπτυξη στρατηγικής μέσω μαθηματικών εργαλείων της Διοικητικής Επιστήμης, για τη βέλτιση διαχείριση της πληροφορίας, αλλά και των πάγιων περιουσιακών στοιχείων των ΕΔ (εξοπλισμός και εγκαταστάσεις), ώστε να αυξηθεί ο κύκλος ζωής τους και να γίνεται εξοικονόμιση των διαθέσιμων πόρων (2ο Συνέδριο Οικονομικού Σώματος Στρατού Ξηράς, 2019).

Ακόμα και η μεταφορά εφοδιασμού, μπορεί να γίνεται βάση αλγορίθμων μεταφοράς που να εντοπίζουν, για παράδειγμα, τη βέλτιστη διαδρομή από τον κόμβο αναχώρησης στον κόμβο προορισμού. Κάτι τέτοιο αποκτά ιδιαίτερη σημασία στη μεταφορά ειδών πρώτης ανάγκης με μικρό χρόνο ζωής, όπως φάρμακα και μονάδες αίματος. Πρόσθετα οφέλη μπορούν να προκύψουν από την εξωτερική ανάθεση (outsourcing) εργασιών, όπως η εξοικονόμηση ανθρώπινου δυναμικού και η εκτέλεση εργασιών με χαμηλότερο κόστος. Σε γενικές γραμμές με την εφαρμογή συστημάτων αλυσίδων εφοδιασμού είναι δυνατός ο εξορθολογισμός των αποφάσεων της διοίκησης και η καλύτερη αξιοποίηση του έμψυχου δυναμικού, που είναι και το πιο σημαντικό.

Κλείνοντας αυτό το κεφάλαιο, πιστεύω πως αξίζει να αναφέρουμε ότι επί της ουσίας η εφοδιαστική αλυσίδα δεν δύναται να αποβεί χρήσιμη σε οποιοδήποτε κράτος που δεν διαθέτει υψηλή στρατηγική· μια συγκροτημένη αντίληψη του περιβάλλοντός του, για την αναγνώριση ευκαιριών, προκλήσεων και απειλών, που να περιλαμβάνει ένα «σχέδιο δράσης» για την επίτευξη ιεραρχημένων και χρονικά προσδιορισμένων στόχων. Ένα κράτος, δηλαδή, που δεν οργανώνει τη πολιτική του με σχεδιασμούς βάθους τετραετίας, αλλά με ένα μακροπρόθεσμο πλάνο για την ευημερία και, πρωτίστως, την επιβίωσή του.

Επίλογος

«Εάν ξεχάσεις τα Logistics, θα χάσεις»

- Frederick M. Franks, Jr., στρατηγός ε.α. των ΗΠΑ.

Αδιαμφισβήτητα, οι αλυσίδες εφοδιασμού έχουν τη δυνατότητα να επηρεάσουν τις τάσεις ανακατονομής ισχύος στο σημερινό πολυπολικό παγκόσμιο γεωπολιτικό σύστημα. Στο πρωτεϊκό και ανταγωνιστικό περιβάλλον της Ανατολικής Μεσογείου, ειδικότερα, τα Logistics αναδεικνύονται σε πολύτιμο μέσο για την άσκηση ήπιας ισχύος (soft power), και τη βελτιστοποίηση των οικονομικών και αμυντικών δυνατοτήτων των κρατών.

Στο γεωπολιτικό σύμπλοκο της Ανατολικής Μεσογείο, η γενικότερη τάση ευνοεί τη συνεργασία στους τομείς της μεταφοράς ενέργειας και αγαθών, που με τη παγίωση αποτελεσματικών εφοδιαστικών αλυσίδων και την αξιοποίηση συνδυασμένων μεταφορών προσφέρουν διευρημένες δυνατότητες ανάπτυξης. Οι πρόσφατες κρίσεις στην Ουκρανία και στη Γάζα αλλάζουν ραγδαία τα δεδομένα δημιουργώντας νέες ευκαιρίες και προκαλόντας νέες προκλήσεις στις διεθνείς συνεργασίες.

Με βάση τα συμπεράσματα του παρόντος πονήματος μια μελλοντική μελέτη θα μπορούσε να αφορά τις εφαρμογές της εφοδιαστικής αλυσίδας στα Βαλκάνια και τις χώρες της Αδριατικής Θάλασσας, καθώς στη μελέτη μας διαπιστώσαμε την αξιοσημείωτη δυναμική που παρατηρείται στην εν λόγω περιοχή. Ακόμη, η πιθανότητα συνδέσεων με Ρωσία και Ουκρανία, θα μπορούσε να συμβάλει στη δημιουργία ενός megaproject στη περιοχή για μεταφορά ενέργειας και αγαθών.

Ακόμη θα μπορούσαμε να εμβαθύνουμε στις στρατιωτικές εφαρμογές των αλυσίδων εφοδιασμού, με case study τις ελληνικές Ένοπλες Δυνάμεις.

Χάρτης 1: Πολιτικός Χάρτης Ανατολικής Μεσογείου Πηγή: Δρ. Ελευθερία Φτακλάκη (https://shorturl.at/oqyP3)

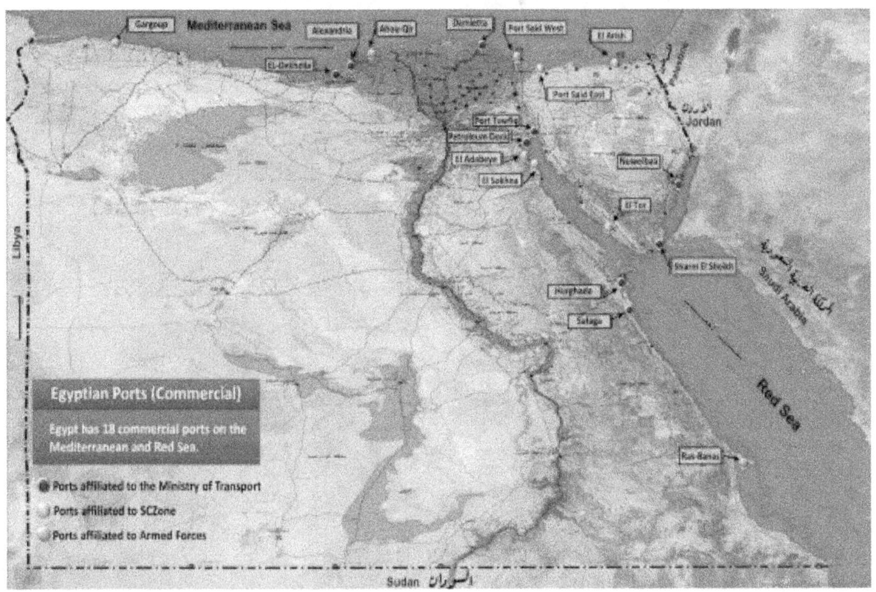

Χάρτης 2: Χάρτης Εμπορικών Λιμένων Αιγύπτου Πηγή: Maritime Transport Sector - EG (https://rb.gy/cw24ae)

Γράφημα 1

Γράφημα 2

Γράφημα 3

Υποσύστημα Β - Προσωπικό Ε.Δ. % του εργατικού δυναμικού
8
7
6
5
4
3
2
1
0
1991
1992
1993
1994
1995
1996
1997
1998
1999
2000
2001
2002
2003
2004
2005
2006
2007
2008
2009
2010
2011
2012
2013
2014
2015
2016
2017
2018
2019
2020
Τουρκία
Λιβύη

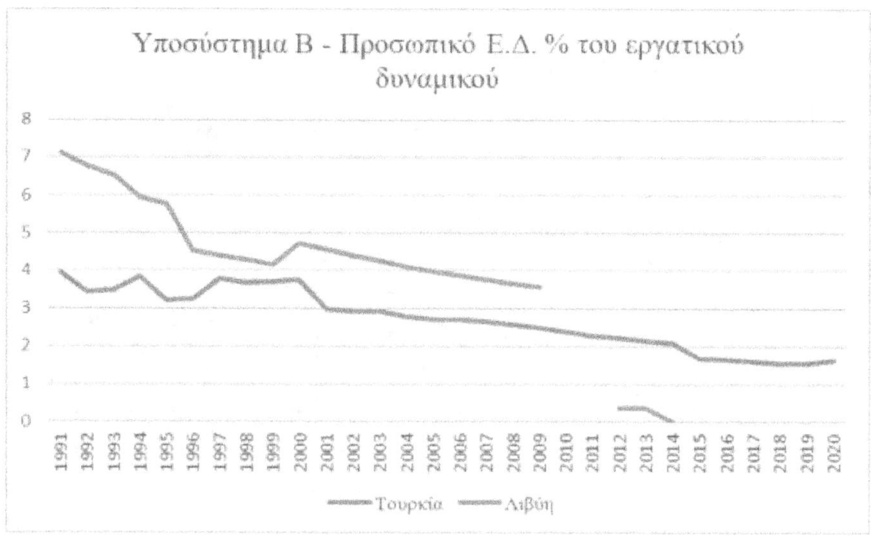

Γράφημα 4

Γράφημα 5

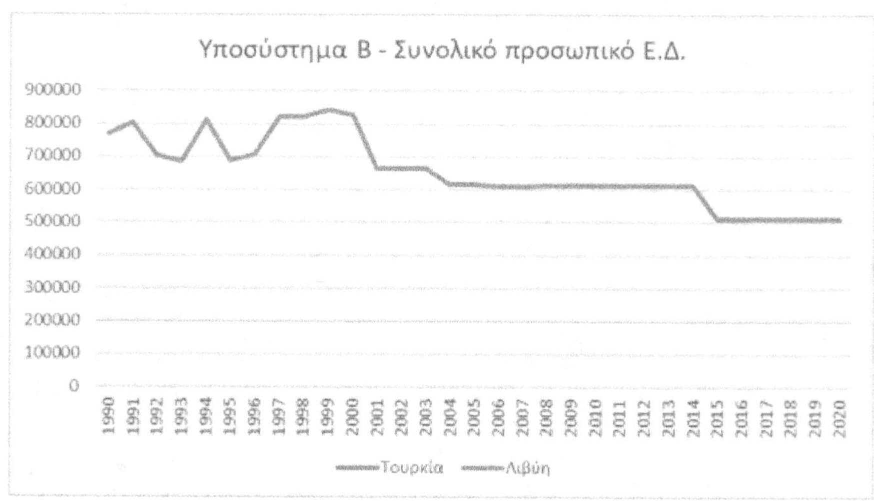

Γράφημα 6

Γράφημα 7

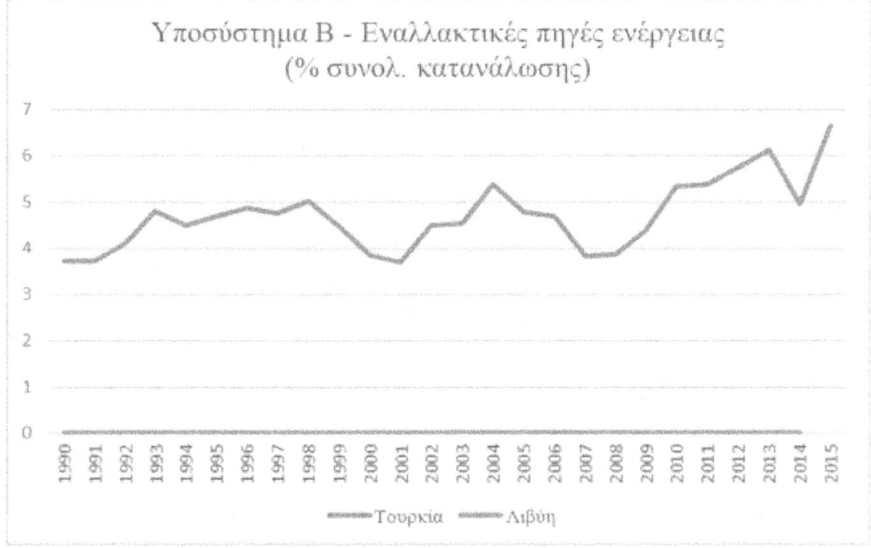

Γράφημα 8

Γράφημα 9

Γράφημα 10

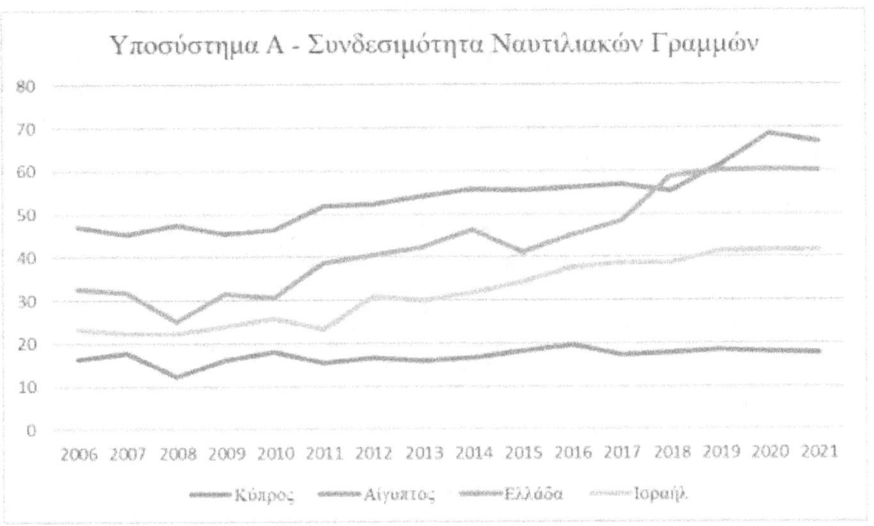

Γράφημα 11

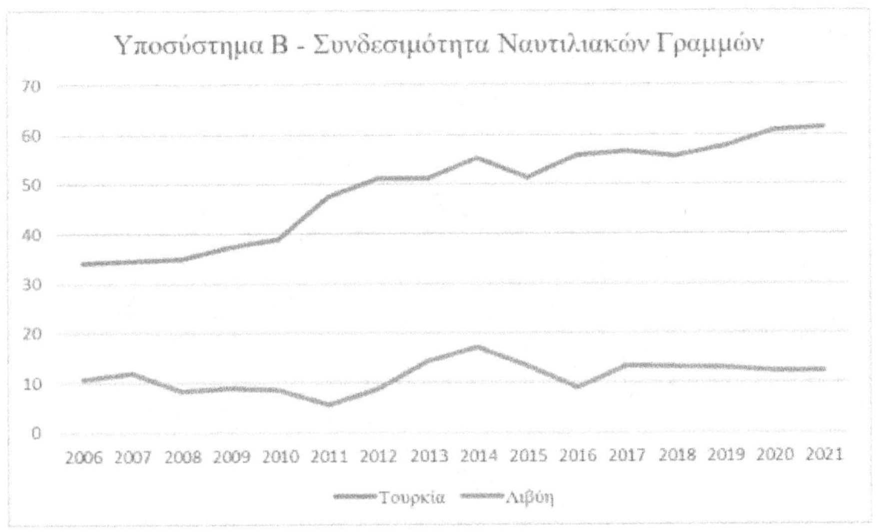

Γράφημα 12

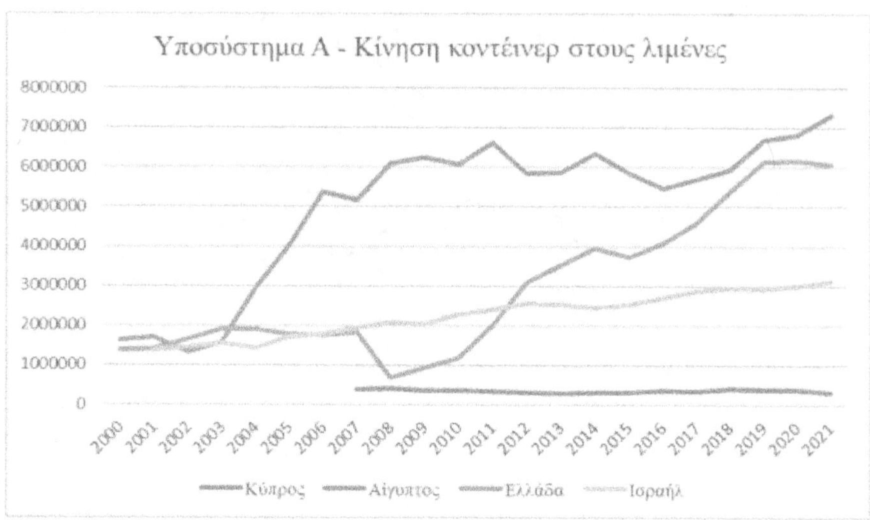

Γράφημα 13

Γράφημα 14

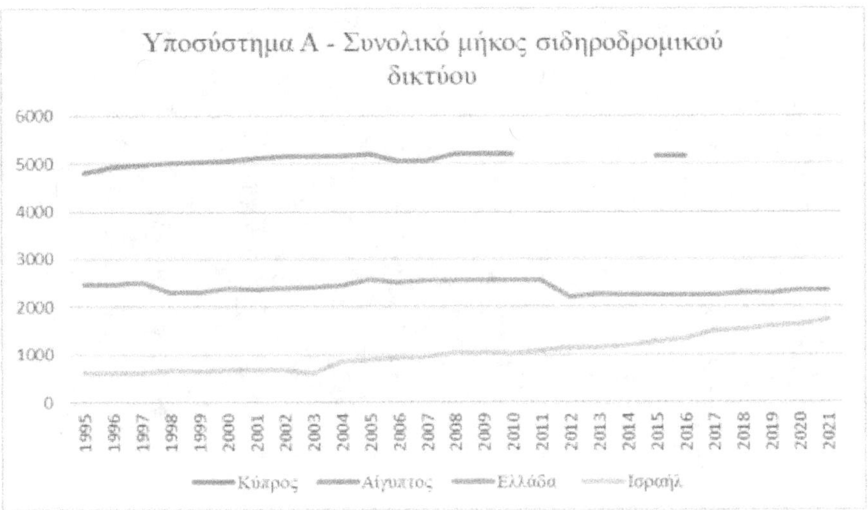

Γράφημα 15

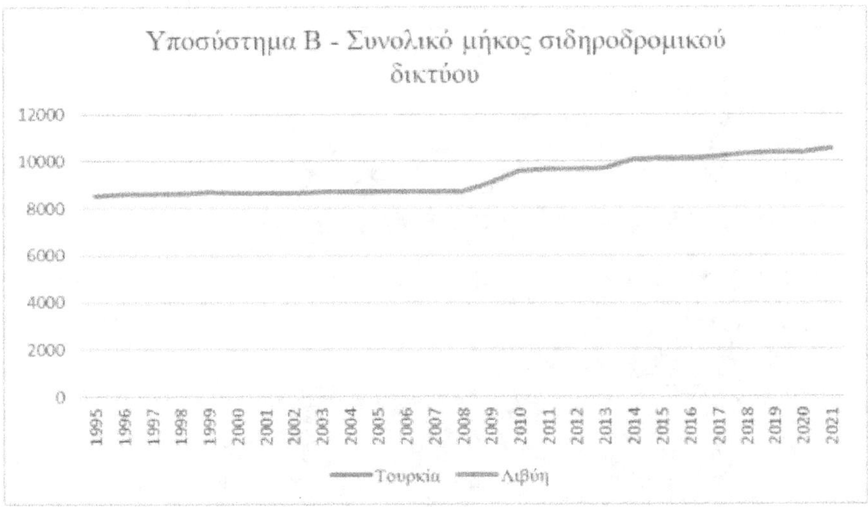

Γράφημα 16

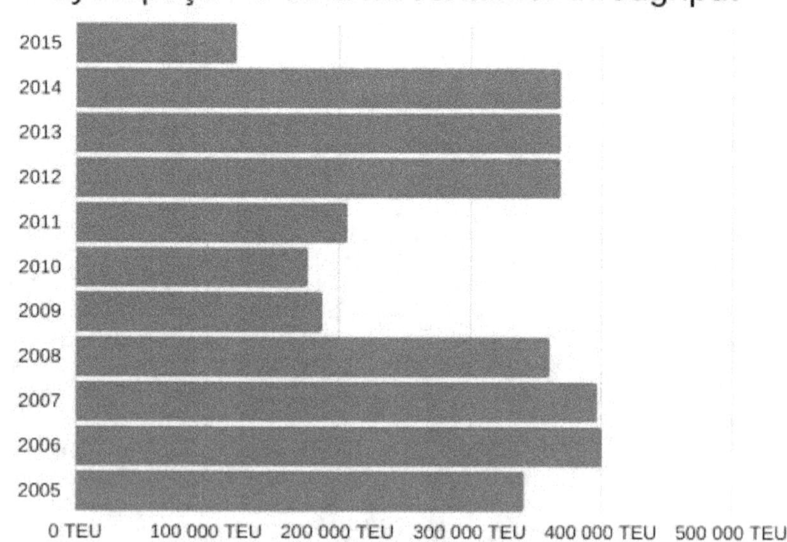

Γράφημα 17

Haydarpaşa Port's total container throughput

Γράφημα 18 Πηγή: ShipHub (https://rb.gy/rb1ms6)

2ο Συνέδριο Οικονομικού Σώματος Στρατού Ξηράς, 2019. *Πρακτικά 2ου Συνεδρίου Οικονομικού Σώματος Στρατού Ξηράς: Η σύγχρονη οικονομική και διοικητική σκέψη ως επιταχυντής της λειτουργίας του οικονομικού ελιγμού στις Ένοπλες Δυνάμεις.* 1η επιμ. Αθήνα: Γενικό Επιτελείο Στρατού. Διεύθυνση Οικονομικού.

Ahmed, Z., 2022. *7 Major Ports Of Egypt.* [Ηλεκτρονικό]
Available at: https://www.marineinsight.com/know-more/major-ports-of-egypt/
[Πρόσβαση 22 Μαΐου 2024].

Ahmed, Z., 2023. *10 Major Ports Of Greece.* [Ηλεκτρονικό]
Available at: https://www.marineinsight.com/know-more/ports-of-greece/
[Πρόσβαση 21 Μαΐου 2024].

Aka, A. G. G., Bozoglu, A. E., Hashimov, I. & Pulhan, A., 2022. The 'new great game' in the Eastern. *Israel Affairs,* 23 Δεκέμβριος, 28(1), pp. 16-27.

Al-Anani, K., 2022. *Sisi Intensifies Arms Imports to Secure External Support for His Policies.* [Ηλεκτρονικό]
Available at: https://arabcenterdc.org/resource/sisi-intensifies-arms-imports-to-secure-external-support-for-his-policies/
[Πρόσβαση 29 Μαΐου 2024].

Anon., 2020. *Λιβύη: Νέοι βομβαρδισμοί στο λιμάνι της Τρίπολης - Βίντεο.* [Ηλεκτρονικό]
Available at: https://www.protothema.gr/world/article/976329/livui-neoi-vomvardismoi-sto-limani-tis-tripolis-video/
[Πρόσβαση 25 Μαΐου 2024].

Anon., 2022. *Sea2Sea: Το μεγαλεπήβολο έργο που αναβαθμίζει τον στρατηγικό ρόλο της Ελλάδας.* [Ηλεκτρονικό]
Available at: https://www.aftodioikisi.gr/peribalon/sea2sea-to-megalepivolo-ergo-poy-anavathmizei-ton-stratigiko-rolo-tis-elladas/

[Πρόσβαση 19 Μαΐου 2024].

Anon., 2023. *Ιστορικό ρεκόρ το 2022 για τις ελληνικές εξαγωγές με πρωταγωνιστές τα πετρελαιοειδή.* [Ηλεκτρονικό]
Available at: https://energypress.gr/news/istoriko-rekor-2022-gia-tis-ellinikes-exagoges
[Πρόσβαση 16 Απριλίου 2024].

Anon., 2023. *Μειώθηκαν κατά 7,1% οι ελληνικές εξαγωγές στο 10μηνο του 2023, η ανάλυση του ΠΣΕ.* [Ηλεκτρονικό]
Available at: https://www.metaforespress.gr/logistics/%CE%BC%CE%B5%CE%B9%CF%8E%CE%B8%CE%B7%(
[Πρόσβαση 16 Απριλίου 2024].

Anon., 2023. *Ο σιδηροδρομικός διάδρομος «Βαλτικής Θάλασσας - Εύξ. Πόντου - Αιγ. Πελάγους» στη Σύνοδο Κορυφής Ελλάδας - Βουλγαρίας - Ρουμανίας.* [Ηλεκτρονικό]
Available at: https://www.liberal.gr/politiki/o-sidirodromikos-diadromos-baltikis-thalassas-eyx-pontoy-aig-pelagoys-sti-synodo-koryfis
[Πρόσβαση 19 Μαΐου 2024].

Anon., 2024. *Egypt should start moving more of its cargo via trains — here's why.* [Ηλεκτρονικό]
Available at: https://enterprise.news/egypt/en/news/story/3bb3664c-10db-4a98-9704-d09952f20b6f
[Πρόσβαση 27 Μαΐου 2024].

Anon., 2024. *Israel mulls buying seaport in Cyprus to control maritime aid delivery to Gaza.* [Ηλεκτρονικό]
Available at: https://www.middleeastmonitor.com/20240311-israel-mulls-buying-seaport-in-cyprus-to-control-maritime-aid-delivery-to-gaza/
[Πρόσβαση 24 Μαΐου 2024].

Anon., 2024. *Transport and Logistics.* [Ηλεκτρονικό]
Available at: https://www.cyprusprofile.com/sectors/transport-and-logistics

[Πρόσβαση 2 Μαΐου 2024].

Anon., 2024. *Turkey continues to actively modernize its railway transport.* [Ηλεκτρονικό]
Available at: https://www.railway.supply/en/turkey-continues-to-actively-modernize-its-railway-transport/
[Πρόσβαση 28 Μαΐου 2024].

Anon., 2024. *Διώρυγα του Σουέζ: Μειωμένη κατά 42% σε δύο μήνες η κίνηση εμπορικών πλοίων λόγω των επιθέσεων των Χούθι.* [Ηλεκτρονικό]
Available at: https://www.naftemporiki.gr/finance/world/1576306/dioryga-toy-soyez-meiomeni-kata-42-se-dyo-mines-i-kinisi-emporikon-ploion-logo-ton-epitheseon-ton-choythi/
[Πρόσβαση 9 Απριλίου 2024].

Anon., 2024. *Κύπρος: Παραλαμβάνει νέα μαχητικά ελικόπτερα και αγοράζει ισραηλινά άρματα – Αποσύρονται τα ρωσικά οπλικά συστήματα.* [Ηλεκτρονικό]
Available at: https://www.protothema.gr/politics/article/1448171/kupros-paralamvanei-nea-mahitika-elikoptera-kai-agorazei-israilina-armata-aposurodai-ta-rosika-oplika-sustimata/
[Πρόσβαση 30 Μαΐου 2024].

Anon., χ.χ. *The Port of Istanbul.* [Ηλεκτρονικό].

Aron, R., 1967. Qu'est-ce qu'une théorie des relations internationales ?. *Revue française de science politique*, 17(5), pp. 837-861.

Atacan, C., Kayıran, B. & Açık, A., 2022. Impact of Liner Shipping Connectivity on Container Traffic in Turkish Ports. *Transactions on Maritime Science*, 21 Οκτωβρίου, 11(2), pp. 1-17.

Bhattacharjee, S., 2022. *6 Major Ports of Israel.* [Ηλεκτρονικό]
Available at: https://www.marineinsight.com/know-more/6-major-ports-of-israel/?
[Πρόσβαση 23 Μαΐου 2024].

Çelebi, D., 2023. Supporting rail freight services in Turkey: Private sector perspectives on logistics connectivity issues. *Case Studies on Transport Policy*, Δεκεμβρίου, Τόμος 14, pp. 1-11.

Císcar, J., χ.χ. *Israel and the role of war and the Army in its society: A 3,000-year relationship.* [Ηλεκτρονικό]
Available at: https://www.unav.edu/web/global-affairs/detalle1/-/blogs/israel-and-the-role-of-war-and-the-army-in-its-society-a-3-000-year-relationship-3
[Πρόσβαση Μαΐου 31 2024].
Daito, N., 2023. *In Egypt, Safer and More Efficient Railways Will Bring Wide-Ranging Benefits for Development.* [Ηλεκτρονικό]
Available at: https://rb.gy/hf3whl
[Πρόσβαση 27 Μαΐου 2024].
DP World Limassol, 2023. *DP WORLD LIMASSOL PERFORMANCE 2022 (INFOGRAPHIC).* [Ηλεκτρονικό]
Available at: https://www.dpworld.com/cyprus/media/news-events/dp-world-limassol-infographic-performance-2022
[Πρόσβαση 6 Μαΐου 2024].
Erden, İ., 2023. *Empowering the Winds of Change: Türkiye's Role in the EU's Energy Transition.* [Online]
Available at: https://www.eureporter.co/environment/wind-power/2023/10/26/empowering-the-winds-of-change-turkiyes-role-in-the-eus-energy-transition/
Erdoğan , H., 2008. *unece.org.* [Ηλεκτρονικό]
Available at: https://unece.org/DAM/trans/doc/2008/wp5/GE1_Piraeus_Item3_Erdogan.pdf
[Πρόσβαση 21 Μαΐου 2024].
European MSP Platform, 2024. *Maritime Spatial Planning Country Profile Cyprus,* s.l.: European Commission.
Goldberg, J., 2023. *Israel Railways improves port links.* [Ηλεκτρονικό]
Available at: https://www.railjournal.com/freight/israel-railways-improves-port-links/
[Πρόσβαση 15 Μαΐου 2024].
Hale, W., 2022. Turkey's energy dilemmas: changes and challenges. *Middle eastern studies,* 26 Απριλίου, 58(3), pp. 452-466.

Harrison, A. & van Hoek, R., 2013. *Logistics. Μάνατζμεντ & Στρατηγική.* s.l.:Rosili.

Hashim, M., 2023. Egypt's energy balance map: a geographical perspective. *Scottish Geographical Journal*, 16 Μαΐου, 139(3-4), pp. 488-510.

IEA, 2023. *Greece 2023*, Paris: IEA.

IQPC Middle East, 2015. *RAIL INFRASTRUCTURE IN EGYPT,* Cairo: IQPC Middle East.

Israel Railways, 2024. *Moving Forward: Turning Israel Railways into Israel's transporation engine.* [Ηλεκτρονικό]
Available at: https://www.jpost.com/special-content/moving-forward-turning-israel-railways-into-israels-transporation-engine-800895
[Πρόσβαση 13 Μαΐου 2024].

Joshi, R., 2022. *5 Major Ports in Libya.* [Ηλεκτρονικό]
Available at: https://www.marineinsight.com/know-more/5-major-ports-in-libya/
[Πρόσβαση 25 Μαΐου 2024].

Kapsis, Z. L., 2021. *The rapid evolution of Cyprus' Ports and Marinas and the development of the Cruise industry.* [Ηλεκτρονικό]
Available at: https://www.linkedin.com/pulse/rapid-evolution-cyprus-ports-marinas-development-cruise-kapsis/
[Πρόσβαση 4 Μαΐου 2024].

Lucente, A., 2024. *Saudi Arabia, Qatar, Egypt among world's top arms importers: SIPRI.* [Ηλεκτρονικό]
Available at: https://www.al-monitor.com/originals/2024/03/saudi-arabia-qatar-egypt-among-worlds-top-arms-importers-sipri
[Πρόσβαση 29 Μαΐου 2024].

MI News Network, 2024. *COSCO Shipping Stops Shipping Services To Israel.* [Ηλεκτρονικό]
Available at: https://www.marineinsight.com/shipping-news/cosco-shipping-stops-shipping-services-to-israel/
[Πρόσβαση 24 Μαΐου 2024].

Michaelides, M. P., Herodotou, H., Lind, M. & Watson, R. T., 2019. Port-2-Port Communication Enhancing Short Sea Shipping Performance: The Case Study of Cyprus and the Eastern Mediterranean. *Sustainability,* 11(1), pp. 1-22.

Notteboom, T., Pallis, A. & Rodrigue, J.-P., 2022. *Port Economics, Management and Policy.* London: Routledge.

OECD, 2001. *Intermodal Freight Transport: Institutional Aspects,.* Paris: OECD Publishing.

OT.gr Newsroom, 2024. *Λιβύη: Επανεκκίνησε η παραγωγή στο μεγαλύτερο κοίτασμα πετρελαίου μετά το τέλος των διαδηλώσεων.* [Ηλεκτρονικό]
Available at: https://www.ot.gr/2024/01/22/energeia/petrelaio/livyi-epanekkinise-to-megalytero-koitasma-tis-meta-to-telos-ton-diadiloseon/
[Πρόσβαση 24 Μαΐου 2024].

OT.gr Newsroom, 2024. *Τουρκία: Θεριεύει η «πολεμική μηχανή» του Ερντογάν.* [Ηλεκτρονικό]
Available at: https://www.ot.gr/2024/04/28/epikairothta/kosmos/tourkia-therieyei-i-polemiki-mixani-tou-erntogan/
[Πρόσβαση 30 Μαΐου 2024].

RSM Cyprus LTD, 2023. *Cyprus Shipping Insights 2023,* London: RSM International Association.

Sinha, S., 2021. *10 Major Ports in Europe.* [Ηλεκτρονικό]
Available at: https://www.marineinsight.com/know-more/major-ports-in-europe/
[Πρόσβαση 21 Μαΐου 2024].

Sinha, S., 2021. *6 Major Ports in Turkey.* [Ηλεκτρονικό]
Available at: https://www.marineinsight.com/know-more/6-major-ports-in-turkey/
[Πρόσβαση 21 Μαΐου 2024].

Soulier, L., 2023. *Egypt: Building a Suez Canal on rails.* [Ηλεκτρονικό]
Available at: https://www.railwaygazette.com/in-depth/egypt-building-a-suez-canal-on-rails/63690.article

[Πρόσβαση 27 Μαΐου 2024].

Tzogopoulos, G. N., 2023. Cyprus and Israel: A New Geopolitical Equation. *Middle East Quarterly,* Φθινόπωρο, 30(1), pp. 1-11.

UNCTAD, 2021. *Review of Maritime Transport 2021.* New York: United Nations Publications.

Wezeman , P. D., Kuimova, A. & Wezeman, S. T., 2021. *Trends in international arms transfers, 2020,* Stockholm: SIPRI.

Wezeman, P. D. και συν., 2024. *Trends in International Arms Transfers, 2023,* Stockholm: SIPRI.

Zaucha, J. & Matczak, M., 2018. Role of Maritime Ports and Shipping in the Creation of the Economic Value of the Sea Areas. *SHS Web of Conferences, GLOBMAR 2018 - Global Maritime Conference,* 3 Δεκεμβρίου, Τόμος 58, pp. 1-9.

Βαμβακά, Α., 2024. *Κλυδωνισμοί στο λιμάνι του Πειραιά από την κρίση στην Ερυθρά Θάλασσα.* [Ηλεκτρονικό]
Available at: https://shorturl.at/Pg0rh
[Πρόσβαση 22 Μαΐου 2024].

Βουκελάτου, Ε., 2015. *Η Εξέταση του ρόλου των dry ports.* Πειραιάς: Πανεπιστήμιο Πειραιώς.

Ε. Ε. Σ., 2016. *Οι σιδηροδρομικές εμπορευματικές μεταφορές στην ΕΕ παραμένουν εκτός τροχιάς,* Λουξεμβούργο: Υπηρεσία Εκδόσεων της Ευρωπαϊκής Ένωσης.

Καραγιάννης, Ν., 2023. *Ζωντανή μένει η Ανατολική Σιδηροδρομική Εγνατία μέσω Ευρωπαϊκής Ένωσης.* [Ηλεκτρονικό]
Available at: https://ypodomes.com/zontani-menei-i-anatoliki-sidirodromiki-egnatia-meso-eyropaikis-enosis/
[Πρόσβαση 18 Μαΐου 2024].

Κουσκουβέλης, Η., 2004. *Εισαγωγή στις Διεθνείς Σχέσεις.* Αθήνα: Ποιότητα.

Μάζης, Ι. Θ., 2012. *Μεταθεωριτική Κριτική Διεθνών Σχέσεων και Γεωπολιτικής.* Αθήνα: Εκδόσεις Παπαζήση.

Μάζης, Ι. Θ., 2017. Application of simple and composite indicators of the four geopolitical pillars in the methodology of Systemic Geopolitical Analysis-The Case of Syria. *Regional Science Inquiry*, Δεκέμβριος, Τόμος 9, pp. 1-72.

Μάζης, Ι. Θ. & Δήγκας, Ά. Γ., 2019. Ολοκληρωμένη Μεθοδολογία Κατασκευής Σύνθετων Δεικτών στην Σύγχρονη Συστημική Γεωπολιτική Ανάλυση. *Civitas Gentium*, 7(1), pp. 159-204.

Μπέλλος, Η., 2024. *Η κρίση στο Σουέζ πλήττει και το λιμάνι του Πειραιά.* [Ηλεκτρονικό]
Available at: https://rb.gy/ktulap
[Πρόσβαση 22 Μαΐου 2024].

Ναυτεμπορική, Η., 2024. *Διώρυγα του Σουέζ: Γιατί το λιμάνι Θεσσαλονίκης αντέχει ακόμη την κρίση.* [Ηλεκτρονικό]
Available at: https://shorturl.at/homFi
[Πρόσβαση 22 Μαΐου 2024].

Πάλλης, Θ. & Βαγγέλας, Γ., 2022. Ελληνικοί λιμένες: Η συνδεσιμότητα αναβαθμίζει τον ρόλο τους. *Οικονομικός Ταχυδρόμος*, 6 Ιουνίου.

Σαμπράκος, Ε., 2013. *Εισαγωγή στην Οικονομική των Μεταφορών.* Αθήνα: Εκδόσεις Σταμούλη.

Τσέκερης, Θ., 2016. *Εμπορευματικές μεταφορές και ανάπτυξη διεθνών εφοδιαστικών κόμβων στην Ελλάδα,* Αθήνα: Κέντρο Προγραμματισμού και Οικονομικών Ερευνών.

Χαροντάκης, Δ., 2024. *Οι Τούρκοι μειώνουν τις εισαγωγές ελληνικών προϊόντων πετρελαίου.* [Ηλεκτρονικό]
Available at: https://www.businessdaily.gr/oikonomia/108014_oi-toyrkoi-meionoyn-tis-eisagoges-ellinikon-proionton-petrelaioy
[Πρόσβαση 16 Απριλίου 2024].

---

[1] Σύμφωνα με τη σύλληψη της θεωρίας από τον Thomas Kuhn [βλ. Μάζης, Ι. Θ. (2012) σελ.627-628]

[2] «κοντολογίς [ο κανόνας] που απαγορεύει στους ερευνητές του ίδιου επιστημονικού ερευνητικού προγράμματος, να έρθουν σε αντίθεση με τις θεμελιώδεις πεποιθήσεις του [...] ως απόπειρα αντιμετώπισης νέων εμπειρικών δεδομένων» [βλ. Μάζης, Ι. Θ. (2012) σελ.364]

[3] Αυτό που ο Μάζης χαρακτηρίζει ως «γεωστρατηγική μεροληπτική ανάλυση».

[4]   https://agora.mfa.gr/infofiles/
Hani2017New_Israel's%20Port%20Industry%20Overview%20il.pdf

About the Author

Απόφοιτος του Τμήματος Πολιτικής Επιστήμης και Δημόσιας Διοίκησης του Εθνικού και Καποδιστριακού Πανεπιστημίου Αθηνών (ΕΚΠΑ).

Αποφοίτησε από το Πρόγραμμα Μεταπτυχιακών Σπουδών "Γεωπολιτική Ανάλυση, Γεωστρατηγική Σύνθεσηκαι Σπουδές Άμυνας και Διεθνούς Ασφάλειας" του Τμήματος Τουρκικών Σπουδών και Σύγχρονων Ασιατικών Ασπουδών" του ΕΚΠΑ, με βαθμό "Λίαν Καλώς".

www.ingramcontent.com/pod-product-compliance
Lightning Source LLC
Chambersburg PA
CBHW061359140726
47997CB00003B/1273